KB266379

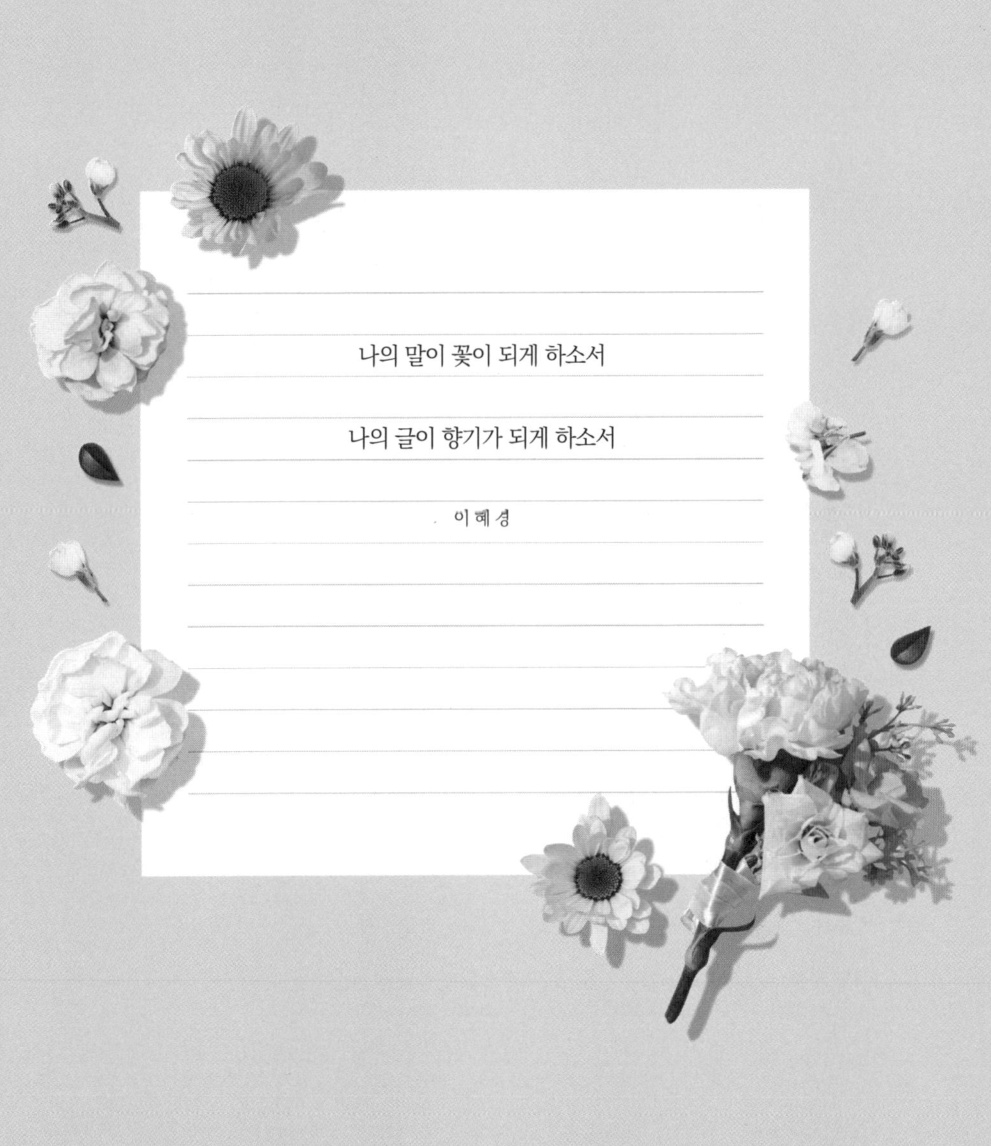

나의 말이 꽃이 되게 하소서

나의 글이 향기가 되게 하소서

이 혜 경

관계에 대하여

초판 1쇄 인쇄 2026년 04월 15일
초판 1쇄 발행 2026년 04월 25일

지은이 이혜경
펴낸이 백유창
펴낸곳 도서출판 더 테라스

신고번호 제2016-000191호
주 소 서울 마포구 양화로길 73 체리스빌딩 6층
Tel. 070-8862-5683
Fax. 02-6442-0423
E.mail. seumbium@naver.com

ISBN 979-11-988250-9-4 03190

값 17,000원

얽히고 섥힌 매듭에 고민하는 어른을 위한 관계 개선 테라피

관계에 대하여

이 혜 경

더 테라스

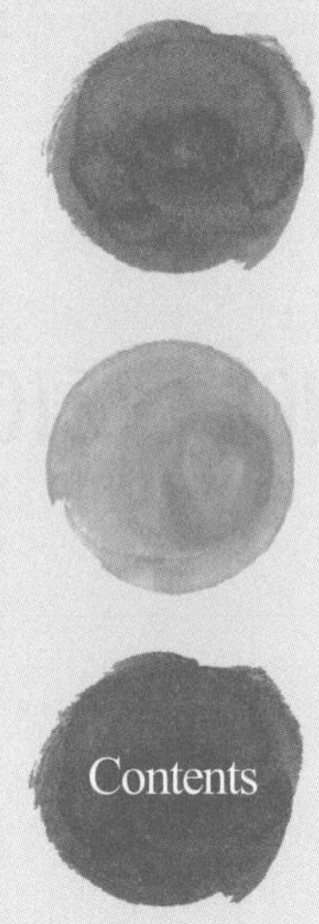

Contents

관계에 대하여

Contents

"관계가 어려워 고민하는 사람들을 위한 관계 개선 테라피"

2025년 기준 WHO, OECD 국가 중 대한민국은 자살률 세계 1위 국가이다. 그 주요 원인으로는 사회의 급격한 변화로 인한 갈등, 실업, 경쟁, 사회적 고립 등 불안증이 증폭되고 있기 때문이다. 가장 근본적인 이유는 바로 소통할 '단 한 명의 사람이 없어서' 라고 한다.

우리는 때때로, 사람에게 너무 기대어서 관계가 위험해진다. 반대로 주변에 사람이 너무 없어서 고립되기도 한다. 이와 같이 극단적인 관계의 위험에서 벗어나는 방법은 건강한 관계 가치관을 스스로 형성하는 것이다.

나 역시 어린 시절부터 낮은 자존감으로 인해 그 누구보다 관계에 어려움을 느꼈고, 크고 작은 관계의 갈등 속에 놓이며 힘들어하는 나날들이 많았다. 그러나 치열한 관계 공부와 개인적인 노력을 통해 극복의 시간을 지속시키고 있다. 진심으로 감사한 것은 힘들게만 여겨졌던 순간들과 그 가운데서 마주쳤던 사람들 덕분에 스스로를 돌아보며 성장하는 기회를 얻을 수 있었다는 점이다.

그런데 사람과의 관계는 왜 그렇게 어려운 걸까? 그리고는 유독 인간관계가 좋은 사람들을 떠올리며 스스로 자존감이 무너지는 경험을 한 번쯤은 해보았을 것이다. 그러다가 한없이 자신을 위축시키며 때때로 리셋되는 관계의 경험을 아파하면서 고립에 집중하다가 외로움을 선택하는 패턴이 유지될 때도 있다.

그러나 외로움보다 더 힘든 건 누군가와 자신을 비교하면서 발생하는 크고 작은 좌절과 실패감일 수 있다. 이상하게도 모든 관계 문제의 원인은 자신과의 관계에서 발생하며 그 문제를 해결하지 않고는 다양한 외부의 문제에 봉착하게 된다. 그러기에 자신과의 관계를 살피는 것에서부터 관계 문제의 실마리는 찾아진다고 할 수 있겠다.

그렇기에 힘들더라도 자신 스스로와의 관계 회복을 이루며 사람들 속으로 계속 걸어가는 용기 있는 모두가 되길 응원하는 마음으로 집필을 시작하게 되었다. 오랜 기간 사람들의 다양한 문제와 갈등을 해결하는 일을 경험한 것 또한 나에게는 크나큰 행운이었다고 생각한다. 덕분에 내성적인 성격과 관계에 어려움이 많았던 나를 돌아보는 계기가 되어 주었다. 그리고 여러 관계의 어려움으로 인해 비로소 건강한 관계가 무엇인지 고민하며 공부하게 만들어 주었다. 그러면서 부족한 자존감이 원만한 관계를 방해할 수 있음도 알게 되었다.

살면서 관계 문제는 언제나 발생할 수밖에 없다. 그러나 관계 공부를 등한시하여, 되돌릴 수 없는 관계의 악화까지 가는 경우를 주변에서 종종 경험하기에 그런 일은 발생하지 않았으면 하는 바램으로, 무엇보다 자신을 지키는 일은 더없이 소중하고 가치 있는 일이라고 생각된다.

"한 사람이 건강해지면 모두가 건강해지는 기적의 변화로 이어지기 때문이니까요."

그래서 이 책은 그동안의 경험을 바탕으로 관계를 새롭게 정의하고 어려운 관계에서 어떻게 자신을 지킬 수 있는지에 대한 솔루션을 제시해 보려고 노력했다. 특히, 나로부터 시작된 모든 관계의 문제가 가족, 직장, 일상 속 다양한 관계 갈등으로 이어질 수 있음을 직·간접적인 사례를 풀어, 독자들의 이해를 도울 수 있기를 바라면서 그러한 고민을 서술하였다.

여러분과 함께 건강한 인간관계를 맺는 방법과 비결을 고민하고 또 살피며 연구하면서 삶에 적용하고 가족, 친구, 지인, 직장 동료와의 관계에 여유를 가지는 때와 경험을 가지시길 진심으로 기원드린다.

아파본 사람만이 진정으로 상대방의 아픔을 이해할 수 있다고 믿는다. 또한 어디선가 말없이 관계 문제에 고민하시는 분들과 이 책을 통해 함께 호흡하기를 원한다. 타인과 비슷한 관계의 어려움을 극복한 경험을 간접 체험하면서 자신의 문제를 돌아보길 바라는 마음으로, 치열하게 관계를 공부하면서 알게 된 '원만한 인간관계의 비결'을 세상 속 소중한 독자 한 분 한 분과 나누고 싶다.

부디 많은 분들이 이 책을 통해 자신의 내면과 여러 외부의 어려운 관계로부터 받는 상처와 고통에서 자유할 수 있는 방법에 대해 도움받기를 바라며, 또한 인간관계에 대한 확장된 인사이트를 받기를 진심으로 소망한다.

2026년의 봄, 한가운데서 이혜경

어른의 인간관계는 왜 이렇게 어려운 걸까?

사회생활, 첫발부터 관계가 삶에 영향을 미친다

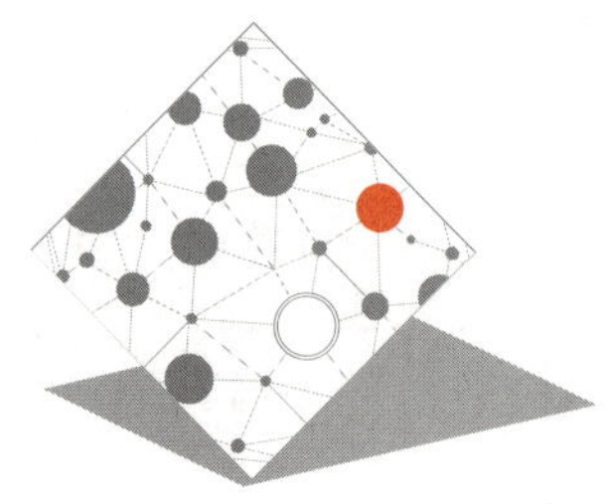

언제부터인지 취업과 채용 트렌드, 국내외 최신 채용 동향 분석과 업종별 채용 현황을 수록한 내용이 책자로 발간되고 있다. 동네 도서관에도 매년 채용 트렌드를 알리는 책이 맨 앞에 진열되고 사람들의 주목을 받고 있다. 빠르게 변화하는 사회 속에서 매년 채용 모습이 달라지고 있는 건 어쩌면 당연하다.

작년 2025년 채용시장 트렌드 키워드는 지원자의 동기부여 요소가 특정 직무·조직의 성과 목표·문화와 얼마나 부합하는지를 뜻하는 '모티베이션핏 시대'와 데이터 기반 채용, 페르소나 브랜딩 등 기업의 인적자원 관리와 관련된 모든 조직 내외부 조건과 변화의 흐름을 담은 HR환경 속 '일하는 동기'였다. 올해는 조직 전체가 아닌 실제 팀의 소통·리더십·협업태도에 맞춘 인재 선발이 중요한 '팀핏 시대'와 조직 문화에 긍정적 변화를 주는 인재를 선호하는 '컬처애드', 스킬기반 채용, AI리터러시 등이 핵심 경쟁력이 될 전망이라고 한다.

언제나 그렇듯 업무 능력과 동시에 어김없이 조직 문화에 긍정적인 영향을 미치는 소통과 협업 등의 키워드는 빠지지 않는다. 예전이나 지금이나 '어떻게 취업할 것인가'와 동시에 취업 후에는 사람 대 사람, 일 대 사람, 즉 '관계의 어려움을 어떻게 해결할 것인가' 의 문제로 귀결되는 것 같다.

이제는 시대의 변화에 맞물며 조직에서 관계를 대하는 태도에도 변화가 일고 있다. 일자리를 성장의 기회로 우선 삼는 MZ세대에 맞게 기업의 인사제도까지 바뀌고 있는 것이 그 증거다. 많은 기업에서 신입직원의 퇴사율 증가로 원앤원 미팅(1:1 Meeting)을 통해 개인적인 유대관계를 맺고 있다는 것이다.

2017년 헤럴드 경제 기사에 의하면, 인력은 부족한데 신입사원 30%는 1년 내 퇴사하고 중소기업 66.9%는 인력난을 호소한다는 통계도 있다. 그 이유로 구직자들의 높은 눈높이가 43.3%, 낮은 기업의 인지도가 33.7%, 상대적으로 낮은 연봉 수준이 32.5%, 근무환경(사무실 위치 등)이 19.4%를 차지한다. 여러 가지 이유로 퇴사를 하지만 결국은 직장도 사람들이 모여서 만든 관계 구조이기에 크고 작은 일들이 끊임없이 발생할 수밖에 없다.

나 역시도 생애 첫 직장에서 1년을 채우지 못했다. 대학 졸업 직후, 취직할 일이 막막했던 나는 아무 사전 정보도 없는 회사에 덜컥 들어갔다가 원치 않는 업무와 퇴사 과정을 겪으며 마음고생을 많이 했다. 취직하려는 회사의 업무방식을 사전에 알아보는 일, 회사의 분위기를 파악하는 일은 중요하다.

무엇보다 내가 어떤 실력을 갖추었는지가 먼저다. 또한, 관계를 맺는 일과 관계를 정리하는 일에 대한 나름의 원칙도 세워두는 것이 좋다. 사회생활은 타인과 같은 타임 테이블을 공유하는 일이 거의 전부라고 말할 수 있기 때문이다.

오랜 시간 사회생활을 경험하며, 관계를 맺을 때 나만의 원칙이 생겼다. 이를테면, 나는 지나치게 자기 성과 과시나 인맥을 자랑하는 사람을 좋아하지 않는다. 내면이 건강하지 않을 확률이 보이기 때문이다. 그런 사람은 상대방을 자신을 위한 성과의 대상이나 인맥 형성을 위한 도구나 수단으로 생각하기 쉽다.

일평생 회사생활은 단발로 끝나지 않는다. 계속 이어지는 여정이다. 자신의 전공이나 특기, 원하는 분야를 살려 꾸준히 노력한다면 한 방향으로 흐르면서 기회에 노출되기도 한다. 그러나 의외로 우연한 만남과 조언, 소개 등으로 한 번도 생각지 못했던 직업이 평생 직업으로 이어질 때도 있다. 이 때문에 '관계'를 잘 맺어야 한다.

예일대 비즈니스 스쿨의 조직행동학 교수인 마리사 킹의 저서 『인생을 바꾸는 관계의 힘』에서도 관계가 직업 선택에 얼마나 연관성이 있는지를 잘 말해 주는 이야기가 나온다. 메사추세츠 주 뉴턴에서 일하는 전문직 종사자들 수백 명을 인터뷰해 보니 56% 사람들이 개인적으로 아는 사람을 통해 일자리를 구했다고 말했다.

나도 가끔 "어떻게 그 직업을 가지게 되셨어요?"라고 묻는 사람을 만나곤 했다. 내가 직업을 선택하게 된 이유도 함께 공부했던 친구들과 지인들의 영향이 컸다. 간절히 희망했으나 불합격했다는 선배의 정보도 내게 도움이 되었다. 선후배가 모인 작은 커뮤니티였지만, 20대 취

관계에 대하여

업준비생에게는 직업을 결정할 만큼의 영향력이 컸다.

이렇게 내가 맺는 관계는 나의 선택에 큰 영향을 미친다. 지금보다 더 성장하기를 원한다면 현재 만나는 지인들의 폭을 충분히 더 넓혀라. 더 많은 정보를 접하고 듣고 분석할 힘을 키워라. 그 직장을 선택했을 때 내 주변에 나에게 그 직종에 도움 줄 사람이 있을지를 체크해라. 적어도 나에게 그것은 첫 사회생활에 큰 요소로 작용했다. 누군가로부터 직접적 또는 간접적 지지를 받고 있다는 것은 엄청난 것이다.

관계는 직장 생활 전반에 영향을 미친다. 내가 같은 입사 동기보다 시험 성적이 우수해도 지지해 줄 관계가 없으면 대체로 첫 출발은 단순하고 평범해진다. 비슷한 실력의 동기들과 차별화될 것이 무엇인가. 누군가로부터 이름이 언급된 사람, 탁월한 인재로 평가받은 사람이 특권을 누리는 건 어쩔 수 없는 일이다. 인맥과 친화력까지 갖추었다면 더 좋을 것이다. 그러나 애초 그런 인맥이 아예 없다면 아주 사소한 인맥이라도 아쉬울 수밖에 없다. 그러나 인맥을 만들기 위해 너무 애쓰지는 마라.

사회생활에서 관계가 아닌 경력과 실력으로 인정받기까지 어쩔 수 없이 시간이 걸린다. 어느 정도 지나면 초반 인맥보다 실력으로 인정받는 때를 만들 수 있다. 물론 직장 내 상하 직원들과 관계를 잘 유지해야 한다. 시간이 더 지나면 많은 인맥을 지닌 사람들에게서 느끼던 상대적 박탈감에서 언제 그랬냐는 듯 느끼는 순간이 올 것이다,

요즘은 첫 출근한 날, 혹은 몇 달 회사를 다녀보고 퇴사하는 신입사원도 있다고 한다. 누구나 알만한 기업에 입사했어도 자신과 맞지 않으면 그런 일이 비일비재하다. 이미 많은 사람들이 사회생활의 첫 관문

인 관계라는 벽 앞에 쉽게 무너진다. 어떤 사람도 사회생활 첫 발부터 흔들리는 관계를 피해갈 수는 없다. 하지만, 사회생활을 하려면 어찌할 도리가 없다. 흔들리고 무너지더라도 다시 시작하는 것이 사회 속 관계인 것이다.

언어의 한 끗 차이가 문제로 촉발될 수 있다

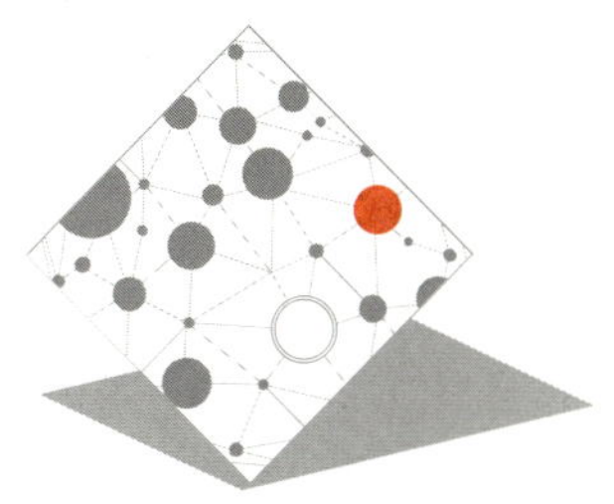

이솝우화 『바람과 태양』이라는 이야기가 있다. 어느 날 바람과 태양이 나그네의 숄을 누가 빨리 벗기는지 내기를 했다. 먼저 바람은 나그네의 숄을 벗기려고 온 힘을 다해 입김을 불었다. 그렇지만 나그네는 자신의 숄을 한껏 더 붙잡는 통에 실패했다.

다음은 태양의 차례였다. 태양은 나그네에게 따스한 미소를 지어 보였다. 얼마 안 가, 나그네는 숄을 젖히더니 스스로 숄을 벗어버렸다는 이야기이다. 이 동화를 보면, 상대방과의 소통에서 어느 방법이 더 효과적인가를 유추해 볼 수 있다.

상대방을 격분시키는 언어 역시도 한 끗 차이에서 발생한다. "아, 그럴 수 있겠다"라는 말과 "역시나, 그럼 그렇지, 내가 너 그럴 줄 알았어"라는 말에서 미묘한 차이로 기분이 달라진다. 가끔은 상대방을 믿고 얘기했는데 '당신 같은 사람 많이 봤다'는 등 평가절하까지 하는 사람도 있다. 그런 경우는 수없이 많다. 그래서 살다 보면 사소한 언어 한마디에 문제가 일어나곤 한다. 의도 없이 던진 말이 타인의 마음에 상처를 주기도 하고 오해를 불러일으켜 관계가 멀어진다. 나의 과거를 떠올려 봐도 그렇다. 내가 던진 말 한마디에 상대방이 분노했던 사건이 있었다. 물론 그때는 이해가 되지 않았다.

나에게는 낯 뜨거운 여고 시절 기억이 하나 있다. 어느 날 선생님 훈화 말씀이 끝나자 나도 모르게 "쳇" 하는 외마디 소리가 나왔다. '아 힘들다' 라는 내 마음이 나도 모르게 입 밖으로 나와 버린 것이다. 체격이 좋으셨던 담임은 나를 지목하고 앞으로 나오라고 했다. 그리고는 체벌이 가해졌다. 버릇이 없다는 이유였다.

지금 생각해 보면 선생님은 그때 자신의 훈화를 내가 조롱했다고 생각했던 모양이다. 나는 당시 아무렇지도 않은 척하려고 무던히 애썼지만 억울하기 짝이 없었다. 선생님을 향한 비난의 말이 아니었기 때문이다. 선생님에게 바로 나의 진심을 전달하지 못한 것이 무척 아쉽다.

인지심리학자 아주대학교 심리학과 김경일 교수의 『김경일의 지혜로운 인간생활』에서 감정적인 사람을 대할 때는 상대방이 예민하게 반응하는 지점, 즉 마음의 눈금이 촘촘한 영역이 무엇인지 살펴보라고 조언한다. 성인의 마음에는 7개 정도의 마음의 눈금이 있지만 16세 이하 아이들은 두 개 정도 마음의 눈금이 있다는 것이다. 마음의 눈금이 많으면 섬세한 표현이 가능하고 상대방의 다양한 소통 방식에 유연하게 반응할 수 있다. 우리는 흔히 이러한 사람을 관계소통 능력이 뛰어난 사람이라고 한다.

그러나 하루아침에 마음의 눈금이 늘어나지 않는다, 여기에는 많은

관계에 대하여

시행착오와 공부를 통해 알게 되는 것들이 있다. 자기를 바라보고 이해하는 집중력도 필요하다. 나 역시도 여러 마음의 눈금이 생기기까지 오랜 기간 쓰디쓴 경험 속에서 헤매고 깨지고 눈물이 있었다. 아직도 그 공부는 다 마치지 못했다. 자기 객관화와 역지사지라는 끊임없는 훈련은 감정을 이해하고 언어의 실수를 최소화하고 원활하게 제어하는데 도움이 된다. 또한 상대방을 이해하고 원만한 관계를 이끄는 동력이 된다.

나의 경우 수많은 사람의 고충 관계를 다루면서 간접 도움을 받았다. 때로는 내 업무에 불만을 품은 사람들의 거센 항의 전화를 받으면서 회피하고 싶었다. 그러나 상황을 설명하면서 그들의 마음도 이해하는 과정에서의 경험은 여러모로 내게 도움이 되었다. 대중 앞에서나 개인적으로나 자신의 마음의 자세와 그 안에서 나오는 말의 진실성을 잘 살펴보면 어떨까.

그러면 내게도 상대에게도 좋은 언어를 구사하기 위해 어떤 노력이 필요할까? 말하기를 음식으로 치면 누구나 만족하는 맛있는 말하기를 구사하는 방법은 없을까? 전 세계 미식가들에게 꿈과 영감을 주는 것으로 잘 알려진 미슐랭 별의 맛의 판단 기준과 유사한 방법으로 말의 기준을 정해보면 쉽게 이해할 수 있다.

미슐랭 별은 식재료의 품질, 요리숙련도와 기법, 쉐프의 개성, 언제나 변함없는 일관성이라는 네 가지 척도로 평가한다. 이것을 맛있는 말하기 구사하기 비법으로 바꿔 보겠다.

✿ 식재료의 품질

  ➤ 마음의 품성 : 당신의 마음에 많은 사랑을 키우고 있는가?

✿ 요리숙련도와 기법

  ➤ 마음의 눈금이 많아서 상대방의 어떠한 예상치 못한 태도에도 적절하
  고 유연하게 반응할 수 있는가?

✿ 쉐프의 개성

  ➤ 나만의 특별함이 언어 속에 묻어 나오도록 개발하고 하는가?

✿ 언제나 변함없는 일관성

  ➤ 나를 타인이 신뢰하도록 인내하며 실천하고 있는가?

위 네 가지 중에서 미슐랭이 맛의 판단기준에서 가장 중요하게 꼽는 것이 바로 언제나 변함없는 일관성이라고 한다. 언어로 바꾸어보면 나의 말이 상대에게 신뢰감을 주고 있는가이다. 그런 의미에서 사소한 사건 때문에 불쑥불쑥 감정적 대응으로 주변을 불편하게 하는 사람을 신뢰할 수 있을까? 비록 어떤 사람이 탁월한 업무 능력을 갖추었다고 해도 말이다. 아마도 그와 관련된 업무가 제발 끝나기를 꾹 참고 있다가 다시는 만나지 않겠다고 생각할 것이 뻔하다. 사소한 행동에서부터 나를 신뢰하게 할 수 있는지부터 생각해 볼 필요가 있다. 인간관계는 단절되는 것이 아니라 잠시 느슨해진 것이다. 언제 어느 때 다시 만날지 모른다.

"고객이 나의 능력을 보기도 하겠지만, 저라는 사람을 좋아하고 신뢰가 쌓이면 그때 제 상품을 계약하겠다고 말하는 사람이 대부분인 것 같

관계에 대하여

아요" 내가 만난 어느 우수 보험설계사의 말이다. 살다 보면, 꼭 한번 다시 만나고 싶다 하는 사람은 능력이 탁월한 사람보다는 내게 신뢰감을 주었던 사람이다. 간혹 예전에 그 사람 능력이 탁월했어도 나는 유혹을 떨치듯 고개를 흔든다. 그 사람과 과거 언어 한 끗 차이로 생겼던 사소한 문제가 생각나서이다. 기다리더라도 그 정도 능력을 갖춘 사람을 만날 수 있다고 생각하기 때문이다.

그러나 대부분 대화하면서 작은 말실수가 없는 사람은 없다. 간혹 나도 대화 중에 상대방을 향한 내 말이 조금 엇나갔다는 느낌이 들 때가 있다. 집에 돌아와 상대방에게 내심 미안함을 느낀다. 문자로 마음을 전할까 말까 고민한다. 그러다가 오히려 더 불편해질까 봐 용기를 내지 못할 때가 있다.

사람에 따라 어떤 말을 해도 쉽게 마음이 돌아서지 않는 사람이 있다. 어느 날부터 그 사람과 나는 멀어지기 시작한다. 후회하지만 돌이키기 어렵다. 반면 아무 일도 없었던 것처럼 다시 나를 반겨주면, 나는 그 사람이 더욱 귀하고 소중하게 생각된다. 그래도 모쪼록 상대방을 존경하는 태도로 말실수하지 않는 것이 가장 상책이다.

그런 점에서 언어의 한 끗 차이는 카톡이나 문자 전송에서도 마찬가지이다. 평소 어떤 말의 태도를 사용했느냐에 따라, 온라인상에서 나타나는 언어의 태도도 비슷하게 느껴지기 때문이다.

오히려 더 오해를 불러일으키기 쉬우므로 정중한 표현을 쓰는 게 좋다. 예를 들면 '안녕하세요' 라는 단어도 "안녕하세요?" 와 "안녕하세요 ^^♡" 는 다르게 느껴진다. '네'라는 의미도 "네~"와 "넹"은 다르다. 상대에 따라 후자와 같은 문자를 받으면 명랑한 느낌도 들지만 한편으로는 '응 그래 알았어, 내 맘대로 할게'라는 형식적인 답변 같은 느낌이 들어 그의 평소 말 습관이 보이는 듯하다.

특히 다툼이 생겨 문자로 서로의 의견을 나눌 때는 정중한 문자를 사용해야 오해의 오해를 방지할 수 있다. 요즘엔 화면 캡쳐 기능이 있어 다수와 나누는 카톡방에서는 자칫 민형사 사건으로 번질 수 있다. 그런 일에 휘말리지 않으려면 최대한 시비 거리를 주는 표현을 지양하는 것이 좋다.

'언어'의 사전적 의미는 생각, 느낌 따위를 나타내거나 전달하는 음성, 문자 따위의 수단이므로 생각이나 느낌을 전달해야 한다. 즉 마음에 있는 이야기를 밖으로 꺼내면 언어가 된다. 자현 작가가 쓴 『마음먹기, 달그림』이라는 동화에 "어떤 마음을 먹느냐에 따라서 세상사는 맛이 달라진대요"라는 글귀가 나온다. 사람이 마음먹기에 따라 세상 사는 맛이 달라진다. 언어의 한 끗 차이도 마찬가지이다.

결국, 내 언어가 상대방에게 차가운 바람이 될지, 따스한 태양이 되어 상대방에게 무한 신뢰를 줄지는 내 마음 밭에서 키운 한 끗 차이가 만들어내는 언어의 향기에서 비롯된다.

관계에 대하여

외로움을 느낄수록 관계는 어려워진다

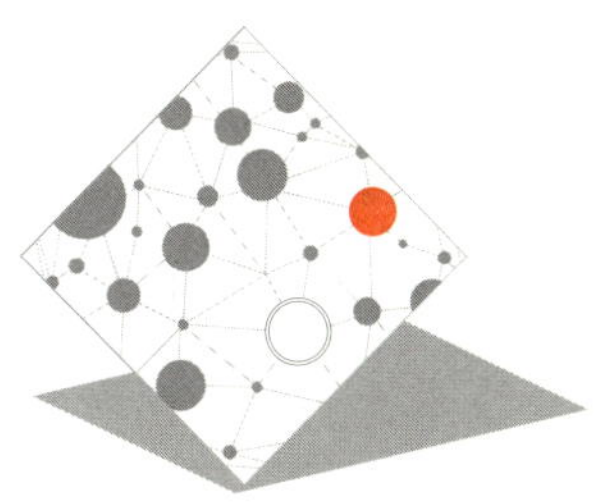

사람은 누구나 아무것도 가지지 않은 채 태어난다. 수많은 관계를 맺고 살지만 아무도 대신 살아줄 수 없다. 삶은 어쩌면 오롯이 혼자 감당해야 할 것투성이다. 그럼에도 태어나자마자 관계가 시작되는 아이러니가 또한 삶이다.

이유도 모르는 수많은 어려움 앞에서 한 번쯤은 "왜 내가 태어났을까?", "왜 저를 낳으셨나요?"라고 원망 섞인 생각이나 말을 하지는 않았을까. 우리에게 주어진 각자의 유전자나 관계도 내가 선택한 사실이 없다. 이유는 알 수 없지만 내게 부여된 적든 많든 그 유산을 가지고 행복한 삶을 만들어가야 한다.

사람들은 어떤 사람을 보고 저 사람은 성격이 내성적이야, 저 사람은 외향적이야 라고 규정짓기도 한다. 대체적으로 첫 인상에서 활발하고 외향적인 성격을 가진 사람들이 높은 점수를 받는다. 상대방에게 다가가 먼저 말을 걸고 정감 있는 태도를 보여주는 경우에 호감도가 더 높아지기 때문이다. 그렇다고 어떤 성향이 더 좋은 관계를 맺을 수 있을 거라고 말하기는 쉽지 않다. 내성적인 사람도 좋은 관계를 유지하는 모습을 주위에서 많이 본다. 문제는 타고난 성격과 사회적 관계를 잘 조화시킬 줄 아는 데 있다.

나는 운명 결정론은 잘 믿지 않는다. 인생이 태어나면서부터 벌써 결정지어졌다고 한다면 각자는 너무 억울한 존재다. 사람은 성장하면서 주어진 기질을 토대로 각자 처한 환경에 따라 많은 영향을 받는다. 칭찬과 격려를 많이 받고 자라면 아무래도 자신감과 내면이 강한 사람으로 자랄 확률이 높아진다. 온유하고 따스한 배려를 받는다면 그지없이 좋겠지만 사람이 처한 환경이란 천차만별, 어느 사람도 부유하고 완전한 온정을 받고 자라기란 쉽지 않다.

멀리 가지 않더라도 내 주변만 보아도 그렇다. 어느 누구도 완벽한 상황에서 자란 사람은 없다. 첫째로 태어나면 첫째라서, 막내로 태어나면 막내라서, 그 사이에서 태어나면 이도 저도 아니라고 투덜거린다. 완벽한 상황이란 대개 부드럽고 친밀한 관계 안에서 배려를 받으며 존재적으로 부여받은 외로움을 극복해가는 그러한 이상적인 상태를 말하지만 흔히 그런 이상적인 가정이나 환경 아래에서 자란 사람은 보지 못했다.

그렇기에 인간관계에서 사람은 외로운 존재이며 여러 어려움을 느끼는 동시에 무리 안에서조차 소외감도 느낀다. 따스한 신뢰 속에서 이루어진 공동체에서도 더러 안정된 소속감을 갖지 못하고 불안한 심리 상태를 가지기도 한다. 이렇게 타고나기를 내성적인 기질과 완벽한 상황에서 자라지 못했다면 그 때문에 좋은 인간관계를 만들어가는 데 늘 불리할 수밖에 없는 것일까?

정말 그럴까? 문제는 외로움을 통제하지 못할 때 더 확대되고 마음의 빈곤이 되풀이되는 것 아닐까. 그렇기에 문제를 해결할 다른 방법을 찾아야 한다. 대체로 내면이 강하지 못하거나 과거 마음의 상처가 많은 사람은 주변에 도움을 요청하는 것을 상당히 어려워한다. 자신의 약한 면을 드러내지 못하고 감추다가 일이 커지는 경우가 많다.

직장에서의 여러 어려움으로 인해 극단적 선택을 하는 경우를 볼 수도 있다. 그때 그렇게 힘들면 차라리 직장을 그만두지, 왜 목숨을 끊는 선택까지 했을까? 하며 주변을 안타깝게 만든다. 쉽지는 않지만 소중한 나를 외로움이라는 존재한테 결코 내어주지 말고 나만의 통제력을 키우는 방법을 생각해 보자.

나는 어린 시절 소심하고 외로움을 잘 느끼는 아이였다. 어쩌다 동네 가까운 아이들에게 가벼운 놀림을 받아도 마음의 상처를 받아 며칠 동안 외출을 하지 않았다. 어린 시절 대인관계는 늘 나에게 가장 큰 숙제였던 것 같다. 폭넓은 인간관계보다는 한두 명 마음에 맞는 친구들과 어울리는 게 편했다. 그나마 그 친구가 다른 친구를 사귀게 되면 나는 그 친구를 잃은 것 같은 기분이 들었다. 그렇게 종종 친구 관계가 끊어져 혼자가 되곤 했다.

돌이켜 생각해 보면 나는 좋아하는 친구에게 내 마음을 털어놓는 일에 서툴렀다. 가끔 그 친구의 좋은 점을 칭찬해주고 격려해주는 일도 필요했다는 후회가 든다. 학창시절부터 성인이 되도록 수많은 만남과 헤어짐을 반복하면서 가끔 '관계 지속성'이라는 틀과 거리가 먼 존재처럼 느껴졌다. 그런 현상은 용기와 표현력 저하로도 이어져 무대 공포증 같은 것이 생기기도 했는데 자기 객관화와 자존감 회복이 되기 전까지 오랫동안 나를 괴롭혔다

아이러니하게도 그런 내가 오랫동안 많은 사람의 고충을 해결하는 업무를 지속한 일은 아마도 행운이었는지도 모른다. 나를 통해 타인을 보아야 함에도, 서로의 관계가 틀어지고 어그러진 외로운 타인들을 보면서 비로소 나를 바라볼 수 있는 창구가 되어준 셈이었으니까.

사람들은 수많은 관계의 만남과 단절을 겪는다. 살다 보면 이사도 하고 학교도 옮기고 직장에서 부서 이동도 한다. 어디서든지 관계를 맺는 데 서툴다고 느끼는 사람은, 그때마다 새롭게 만나는 관계도 운으로 느껴진다. 친절한 사람들을 만날 수도 있고 아닐 수도 있다.

30~40대는 직장에 다니고 있을 확률이 크다. 대부분 신입사원 시절을 지나 승진의 시기에 놓여있는 기간이다. 나 같은 경우에는 자녀 두 명이 유아기여서 마음만 간절할 뿐 인사관리에 신경 쓸 여유가 부족했다. 게다가 나는 용기가 부족한 소심형이라 업무나 개인적인 애로사항을 선뜻 말하지 못하고 애만 태우는 경우가 많았다.

그때 어려운 일도 안심하고 의사 표현을 할 수 있도록 '심리적 안전' 기지를 주는 상사나 팀원들을 만나면 직장 생활은 훨씬 수월해진다. 다른 사람들은 주변의 이해를 잘 받으며 업무를 잘해나가는 것 같은데 자신에게는 유독 힘든 그런 상황들이 있다. 왜 그럴까?

외로움은 업무의 만족도와 연결되어 있다. 친밀감도 연결 요소이다.

관계에 대하여

숙명여자대학교 교육 대학원의 〈외로움과 대인관계 문제〉에 대한 연구 결과에 의하면, 외로움, 대인관계 문제, 초기 부적응 수준이 서로 상관 관계를 가지며, 외로움이 대인관계 문제에 유의한 영향을 미친다고 한다. 외로움을 느끼면 대인관계에서 우울, 불안을 느끼는 등 환경에 부적응할 확률도 높아진다. 더 관계가 악화되는 악순환이 일어난다.

이에 따라 외로움과 대인관계에 주는 영향으로 인해 심리적 안정을 줄 수 있는 치유나 상담까지 영역이 넓혀진다. 때로는 심신의 안정을 주는 신앙 생활도 큰 도움을 준다. 자신의 생각을 공유할 무언가를 찾는 것이 중요하다. 독서를 통해 작가의 표현을 경청해보는 것도 좋다. 작가의 생각과 내 생각이 일치할 때의 동질감을 느끼는 매력에 빠지게 된다.

더 나아가 나의 업무 성과도 오른다. 나의 불완전성을 이해해 줄 관계망 형성이 부족하다면 혼자, 또는 2인 1조 정도로 무난히 할 수 있는 업무를 찾아보는 것도 하나의 방법이다. 나의 경우엔 인간관계의 스트레스를 줄이고자, 최소한으로 대인관계를 줄이고 자신의 업무 능력으로 승부를 보는 부서를 선택했다. 외로움을 느끼는 등 관계로 인한 스트레스보다는 업무의 몰입과 집중도를 높이는 편이 좋았기 때문이다. 업무로 인한 몰입과 유능성은 성취감과 자부심을 가져다준다.

협업을 통한 업무 트러블이나 나를 향한 가십은 피해갈 수가 없는데 결국 전문 분야 도전으로 승부 보는 수밖에 없다. 업무의 전문성은 시간이 갈수록 인정받고 목표와 역할에 대한 명확한 길이 보이며 자존감을 높일 수 있는 방법이다. 업무 성과를 인정받는다면 나의 호감도는 높아지고 주위의 시선이 따듯해지며 유능감이 직장에서의 외로움을 감소시킬 수 있다.

그렇다 하더라도 언제든지 대인관계 속에서 외로움은 느낄 수 있다. 외로움은 소외감으로도 표현될 수가 있는데 떼려야 뗄 수 없는 관계다. 관계에 대한 두려움과 스트레스를 피해갈 방법이 무엇인지 찾아야 한다. 특히 초기의 만남에 적응도가 낮은 사람이라면 불편한 관계를 아예 회피할 가능성이 높지만, 분명한 것은 자신이 인생의 주인공이며, 이 넓은 우주에서 단 한명 밖에 없는 소중한 사람이라는 사실을 잊지 않아야 한다는 것이다.

관계에 대하여

저 사람은 왜 유독 인간관계가 좋을까?

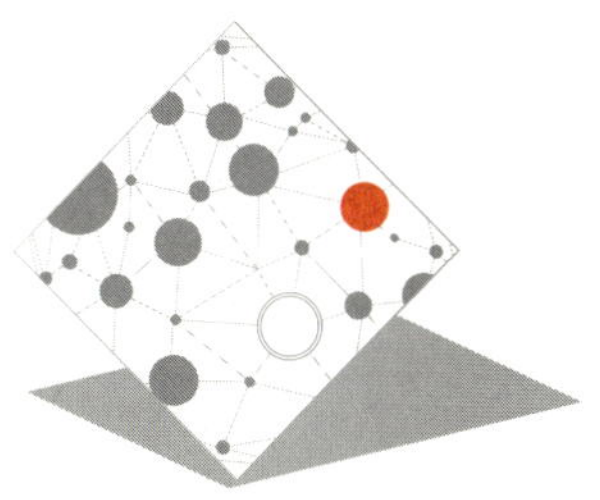

간혹 관계가 예기치 않게 꼬일 때가 있다. 예를 들면 A와 B는 사업상 파트너였다. 그런데 어느날 B가 F라는 사람 말을 듣고 A를 향해 아주 큰 오해를 하게 되었다. A는 해명하고 싶었지만 이미 F라는 사람 말을 더 신뢰하는 상황이 되었다.

이때 A는 B와 어떻게 그 오해를 해결할 수 있을까? 개인 간에도 이런 오해가 종종 발생한다. 이때 누군가 A와 B의 사정을 잘 알고 있고 평소 B도 신뢰하는 그런 제3자가 있다면 어떨까? 나도 얼마 전 이와 비슷한 일이 있어서 평소 내가 존경하는 분의 도움으로 관계의 위기를 해소했다. 흔히 친구 사이에도 사소한 오해가 생기기도 하는데 친구들 사이에서 이 친구 저 친구 연락책 역할을 잘 담당해 주는 친구가 있다.

이렇듯 어떤 사람은 인복이 있는 사람이며 주변에 좋은 사람이 많다고 하고 어떤 사람은 그 반대의 경우로 평가되기도 한다. 어떤 사람은 함께 하면 기대감이 생기는 사람이 있고 또 어떤 사람은 연락하기가 머뭇거리게 된다. 어떤 차이점이 있기에 그럴까?

세계적으로 인간관계에 대한 지성으로 평가받는 데일카네기는 그의 책 『인간관계론』에서 사람을 적으로 만들지 않는 예방법에 대해 여러 사람의 말을 인용한다. 영국의 시인 알렉산더 포프는 '어떤 것을 증명해야겠다고 생각한다면 아무도 모르게 증명하라. 섬세하고 재치 있게 증명해서, 당신이 증명하고 있다는 사실조차 아무도 눈치 채지 못하게 만들어라' 라고 말했다. 체스터 필드 경도 아들에게 조언하길, '가능하면 다른 사람보다 현명해지되 사람들에게 그 사실을 말하지는 말라'고 충고했다.

이와같이 인간관계가 좋은 사람은 적을 만들지 않는 예방법을 아는 사람이다. 사람들 사이에 완충 역할도 잘하면서도 신뢰감을 주는 지혜와 재치를 발휘한다. 어느 일방에게도 질투심이나 적개심을 유발하지 않는 대화법도 가지고 있다. 그러기 위해 아래와 같이 행동하고 있는지 살펴볼 수 있어야 한다.

❀ 당신은 상대방에게 섬세하게 반응하는가?

❀ 곤욕스러운 질문이나 의혹에도 재치 있게 증명할 수 있는가?

❀ 아무도 눈치 채지 못하도록 현명하게 말하는가?

❀ 자신의 의견을 말할 때 조급함이 섞이지 않는가?

❀ 부드러운 대화와 지혜 있는 비전 제시가 가능한가?

그런데 이렇게 행동하는 것이 쉬운 일은 아니다. 꾸준히 단련하지 않으면 대화 도중 실수를 범한다. 실수를 최대한 줄이는 일은 대화의 톤

관계에 대하여

이 올라가지 않도록 붙잡은 일이다. 대화에 자칫 오해할 수 있는 감정이 섞이는 것을 주의해야 한다. 주변에 유독 사람과의 관계가 좋은 사람의 특징을 해석하면서 자신에게 조금씩 적용해보면 좋을 것이다. 이러한 과정을 통해 인간관계를 잘 맺을 수 있는 열쇠를 하나씩 획득하는 기회를 갖게 된다.

그렇다면 인간관계가 유독 좋은 사람들이 사회적으로 성공할 확률이 높을까? 이 질문에 대해 많은 사람들이 아마 그럴 거라고 대답할 것이다. 자신의 신념을 만들고 자기 안에서 자신감 있는 관계를 가꾸어가는 것도 중요하다.

이에 대해 조금 색다른 생각을 갖게 하는 영화 한편이 있다. 벤 스틸러가 주인공으로 나오는 〈괜찮아요 미스터 브래드〉라는 영화에서 주인공 브래드는 중년이 넘도록 어려운 사람들을 도와주는 비영리 기부 회사를 운영한다. 어느 날 부하직원이 "자신이 더 많이 벌어서 기부하는 게 낫겠다"는 퇴사 이유를 듣고 충격을 받는다.

그날 밤, 그는 현재 사회적으로 성공한 동창들을 하나둘 떠올려본다. 거액의 금융회사 CEO가 된 친구, IT회사를 팔아 휴가를 즐기는 친구, 정치 사회적으로 명예를 거머쥔 친구 등... 그는 사랑하는 가족들과 함께 있으면서도 늘 휴대폰 SNS에 나오는 친구들 소식을 본다. 주인공은 친구들과 자신의 처지를 비교하며 경쟁의식과 열등감에 빠진다. 주인공은 친구들을 만나는 자리에서 그런 열등감을 내비치며 원만한 관계로 풀어가지 못하는 모습을 보인다. 그러나 주인공은 여러 내면의 힘듦 속에서도 아들의 위로를 경험하며 차츰 마음의 안정을 찾아간다.

주인공의 아들 : 아빠를 생각하는 사람은 나밖에 없어. 그러니까 아빠는 내 생각에만 신경 써. 나는 아빠를 사랑하니까.

주인공 브래드 : 난 나를 추켜세우고 비하하는데 너무 많은 시간을 써 버렸어

이와 비슷한 인간관계를 들여다볼 수 있는 〈인디에어〉라는 또 하나의 영화가 있다. 영화에서 주인공(조지클루니 분)은 화려한 사회적 인맥과 성공을 자랑한다. 하지만 개인의 삶을 들여다보면 누구보다 고독하다. 주인공은 여러 가지 우여곡절을 겪으며 결국 그렇게 살아온 자신의 삶이 옳은지 되돌아보는 영화이다.

여기서 우리는 겉으로 보여지는 인간관계가 다는 아니라는 것을 알 수 있다. 진정한 행복은 편안하고 안정적인 내면에서 나온다는 것을, 그 내면을 어디에서 찾든 균형 있는 사람일수록 존경받고 환영받을 수밖에 없다. 그것이 가정일 수도 또 다른 무엇일 수도 있다. 그럼에도 가장 기본은 자신과 속한 가족과 친밀감을 유지하고 그들로부터 존경을 끌어내는 노력에서 출발한다.

그 다음은 사람들이 내미는 도움의 손길을 거절하지 않고 기꺼이 도와줄 관계를 유지하는 사람이다. 누가 자신의 진정한 친구인지 역경을 한번 당해보면 안다고 하지 않던가! 관계를 잘하는 사람들은 어려운 처지에 있는 사람을 그냥 대수롭게 넘기지 않고 살핀다. 그리고 어떤 대가를 바라지는 않는다.

주변에서 종종 그런 사람을 본다. 작은 일이든 큰 일이든 주변을 살뜰히 살피는 사람이 있다. 가끔 그런 사람은 선천적으로 타고난 거 아닐까 하는 생각이 들곤 한다. 남을 챙긴다는 것은 마음과 함께 에너지

관계에 대하여

도 많이 필요하다. 그렇다고 타인의 애경사에만 자주 찾아다닌다고 인간관계가 돈독해지는 것은 아닌 것 같다.

무엇보다 가장 중요한 건 내가 도울 수 있는 자리, 꼭 필요한 자리를 재치 있게 알아내 도움을 주는 것이 나를 오래 기억에 남게 하는 일이다. 그러므로 남을 도우면서도 관계 속에서 인정받고 존경받을 수 있는 그러한 과정 안에서 내적 성장을 이루는 게 아닐까.

남에게 도움을 주는 사람만 인간관계가 좋은 사람일까? 결코 아니다. 때로는 다른 사람의 도움을 적절히 구하는 것도 인간관계를 넓히는 지평이 된다. 도움을 받을 줄 아는 것도 요령이며 지혜이다. 사람은 누군가를 도우며 더 큰 보람을 느낀다는 연구결과도 있다. 그렇기에 적절한 도움 요청은 상대방과 더 가까운 관계를 형성하게 한다. 도움을 받은 사람은 언젠가 자신이 처했던 어려움을 겪는 비슷한 사람의 도움 요청을 기꺼이 수락하게 될 것이다.

결국, 인간관계가 좋다는 것은 선한 영향력을 미칠 기회를 많이 가진 잠재적 우위자인 셈이다. 요즘은 자기 PR시대를 넘어 다수에게 자신의 유능함을 더욱 화려하게 보여줄 수 있다. 마음만 먹으면, 익명의 사람들과의 관계망을 넓히고 확대 가능하다. 그러나 화려한 겉모습을 지향하는 것보다 가족과 친구, 직장 등 타인과의 관계 사이클을 잘 유지하여 내실 있는 건강한 인간관계를 획득하는 것이 성공의 지름길이다.

무엇보다 우호적이고 돈독한 인간관계야말로 서로 돕는 것이 얼마나 중요한지 알게 하며, 삶의 만족도를 높이는 풍요로운 길로 이끄는 원동력이 된다.

타인의 삶의 방식을 인정하지 않아서 생긴 일

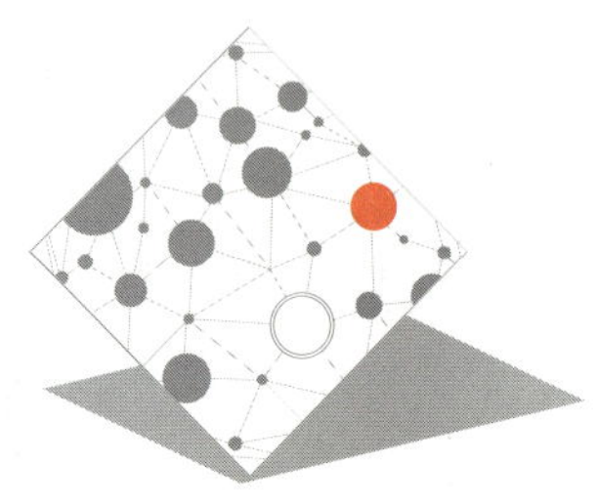

문득 나는 타인의 삶의 방식을 어느 정도 인정하면서 살아왔는가 생각해본다. 과거 어느 날 친구에게 오랜만에 안부 전화를 했다. 대화 후 헤어지면서 친구는 "우리 다음에 만나서 꼭 밥 한 끼 먹자" 라며 전화를 끊었다. 얼마가 지나도 밥 한번 먹자던 친구에게 전화가 오지 않았다. '이런... 그럼 밥 한번 먹자는 말은 하지 말든지...' 전화가 안 오니 서운하고 내가 다시 전화해 볼까? 그러자니 괜히 뭔가 어색하고...

지금은 이런 고민을 하지 않는다. 그 친구의 가벼운 인사치레였나 보다 하며 가볍게 넘어간다. 또 필요하면 내가 전화하면 된다. 그런데 젊은 시절, 실천하지도 않을 말을 왜 하는지 내심 서운함이 많았다. 그러던 중 나와 비슷한 생각을 하는 사람을 만나게 되었다. 그분은 옛 직장 상사였다.

"나는 말이야, 빈말로 밥 먹자고 하는 사람을 세상에서 제일 싫어해. 왜 마음에도 없는 말을 하느냔 말이야. 그렇게 밥 먹자고 말을 했으면 밥을 먹어야지. 나는 밥 먹자고 말하면 꼭 만나서 밥을 먹어. 그게 맞는 거 아니야?"

나는 그의 투박한 경상도 사투리 말투 속에 적잖게 위로를 받은 적이 있다. 아마도 나도 그런 경험들이 쌓인 탓인지 되도록 실천하지 못할 말은 안 하려고 노력한다.

나의 경우 빈말을 자주 하는 사람을 보면 신뢰감이 떨어지는 건 어쩔 수 없다. 그런데 예의상 그렇게 빈말을 하는 사람이 자주 있으니 마냥 경계할 수만도 없는 일이다. '말'이라는 수단으로 다양한 삶의 방식을 표현하며 살아가는 세상이니 서로 인정하지 않고는 원만한 관계를 유지하기가 어렵다. 그 예는 주변에서 얼마든지 찾아볼 수 있다.

충청도에 일 보러 갔던 지인이 어느 시골에서 겪은 일을 내게 얘기해 준 적이 있다. 수박을 사려고 가격을 물어보니 물건 팔던 할머니가 "니가 알어? 내가 알어?" 하더란다. 지인은 당황했지만 눈치껏 "8,000원 정도 드리면 되나요?" 했더니 그 할머니가 "소여물이나 줘야겠다" 하더란다. 지인은 주변에 다른 가게를 찾는 수고를 덜기 위해 8,000원에 웃돈을 얹어 수박을 샀다고 한다. 참 황당한 판매 방식인데 할머니의 방식을 인정한 손님 때문에 할머니는 수박을 팔았고 손님은 번거로움을 피했다.

아마 나 같으면 안 샀을지도 모른다. 할머니의 판매 방식에 기막혀했을 것 같기 때문이다. 그러면 무더위에다 다른 가게 찾느라 고생했을 테고 수박 가격도 할머니 것보다 더 쌌을지 장담 못 할 일이긴 하다. 이런 할머니의 삶의 방식이 하루 이틀에 만들어졌을까? 아마 오랜 세월을 겪으면서 자신만의 삶의 방식으로 자리 잡힌 것이다.

우리는 삶 속에서 타인의 삶과 그 방식들을 다양하게 경험한다. 그렇기에 언제나 유연한 사고가 필요하다. 우리는 이것을 평생에 걸쳐 배워 간다. 그것을 경험하고 배울 수 있는 곳 중 하나가 바로 결혼과 가정이다. 독특한 두 사람의 삶의 방식이 만나서 새로운 둥지를 이루기 때문이다. 독특한 존재감이 평생 교차하며 서로의 삶에 영향을 미친다. 나의 경우 가정이 자양분이 되어 건강한 관계의 뿌리를 형성한다는 것을 뒤늦게 깨달았다.

맞벌이 부부인 나는 명절이나 기념일에 부모님을 뵈러 가지 못하는 날이 많았다. 그때마다 시댁 어른은 "바쁘면 오지 마라. 괜찮다" 그러시는 것이다. 엄격한 친정과는 사뭇 다른 분위기여서 바쁘고 힘든데 잘 됐다 싶은 마음이 들었다. 시댁에서 나의 상황을 이해해주시는 것 같아 감사했다. 하지만 바쁜 시간 속에 자주 만나지 못하니 가족 간의 친밀한 관계가 소원해지는 건 어쩔 수 없었다.

시간이 흘러 그간 시댁 어른들의 삶의 방식을 내가 몰랐다는 것을 문득 깨달았다. 그것은 사춘기 자녀를 겪으면서였다. 그동안 내가 가족들과 이루었던 역동들이 자녀들에게 영향을 미쳤다는 점을 알게 되었다. 부부간 분위기, 그리고 원 가족끼리의 관계가 결국 자녀를 통해 내 문제로 돌아온다.

돌이켜보면 바쁘게 산 나머지, 평소 나도 자녀들과 느긋하고 편안한 대화가 늘 부족했는데 세심히 돌아보지 못했다. 마음에 있는 진심을 자녀들이 잘 이해하도록 차분하게 설명하는 방법을 진지하게 고민하지

관계에 대하여

않은 점이 아쉽다.

어쩌면 타인의 삶의 방식을 인정한다는 것은 깊은 역지사지가 전제되어야 한다. 그런 후에야 내가 타인의 관점에서 바라볼 수 있는 마음의 눈을 가질 수 있다. 이제껏 이런저런 핑계로 내 생각 중심으로 많은 것들이 움직여지길 바라는 것들이 많았다. 바쁘니까, 힘드니까, 지치니까 못해. 라고..

사람들은 간혹 솔직하게 본심을 드러내놓고 사는 사람도 있지만 그렇지 않은 사람이 더 많다. 말을 하지 않거나 오히려 역설적으로 말할 때 본심을 알아채기 곤란한 것이다. 솔직한 대화를 통해 관계를 이어가야 할지 아닌지 명확한 선을 긋는 것이 바람직하겠지만 살다 보면 언제 어디서 다시 만나게 될지 모른다. 자리와 상황에 따라, 좋은데 너무 좋은 내색을 하지 말아야 할 때가 있고, 싫지만 티 내지 말아야 할 때가 있어서 무엇보다 타인의 삶의 방식에서 묻어나오는 표현들을 이해하기란 쉽지 않다.

부모님 : 바쁘니까 안 와도 된다(너무 보고 싶구나. 시간을 내서 와주면 좋겠는데)

사춘기 자녀 : 엄마, 조용히 있고 싶으니까 방에서 나가줘(너무 속상한 일이 있단 말야. 누가 좀 알아줬으면 좋겠어)

친구 : 우리 언제 한번 만나자(글쎄 굳이 우리가 만날 사이인가? 하지만 기약 없는 약속은 필요해 다음을 위해서)

사업상 : 다음에 또 봅시다(사업상으로 만날 일은 없을 것 같지만 예의상 다음을 위해서)

부부 : 요즘 물가가 너무 비싼 것 같아요(여보, 가계 소비를 충족하게 못 해도 이

해 좀...)

연인 : 약속이 있어(계속 만나기 어려울 것 같아. 자연스럽게 헤어지면 좋겠어)

이러한 사례 속에서 묻어나오는 은근한 타인의 표현 방식도 삶의 한 방식이다. 이것을 인정하지 않고 자연스럽게 넘어가지 못하면 어떻게 될까? 예를 들어 친구의 경우, "우리 언제 한번 만나자고? 나는 기약 없이 빈말하는 사람 싫어해 우리 이제 그만"이라고 대놓고 이야기할 건가. 그러면 다음 어떤 일이 벌어질는지 뻔하다.

이렇게 다음을 기약한다는 것에 대해 더 숙고할 부분이 있다. 그것은 바로 나이가 들고 결혼을 한 후에도 부모님과 묘한 신경전을 벌이는 사람이 생각보다 많다. 성장하면서 생긴 부모님과의 오해와 앙금이 풀리지 않았다는 사람이 꽤 있다.

나는 한때 지나친 친정 부모님의 간섭에서 벗어나고자 노력한 시간이 있었다. 바빠서 경조사에 못 간다고 하면 그 서운함을 감추지 못하셨는데 그때마다 마음이 무거웠다. 나도 그 영향 탓에 내색하지 말아야 할 일에 익숙해지기까지 시행착오와 오랜 시간이 걸렸다. 앞에서 이야기했듯이 부모님의 입장에서 역지사지가 된 후에 많은 것들이 해결되고 성숙한 자세로 바라보게 되었다.

내 입장만 고집하고 상대방을 진심 어린 눈으로 바라보지 않으면 우선 타인의 삶의 방식을 보지 못하고 만다. 나처럼 오랫동안 눈치채지 못하고 관계 안에서 괴로운 나날을 수없이 보낸 후에야 진심을 깨닫게 되었을 때 너무 늦은 것 아닌가 후회하는 날을 맞이하게 된다.

이와 같이 시행착오를 겪지 않을 수 없다. 그럼에도 우리는 서로를

관계에 대하여

향해 좋은 관계 마케팅을 발휘하는 사람이 되어야 한다. 서로 좋은 시너지를 내는 사이면 더 좋겠다. 마케팅 전문가들이 사람들의 소비심리를 연구하는 것처럼 우리도 관계를 바라보고 타인의 삶의 방식을 인정하는 것뿐만 아니라 나와 친해지는 법, 내가 원하는 관계를 주도적으로 만들어가는 자기 주도성까지 담아가야 한다.

그런데 만약 타인의 삶의 방식을 인정만 해주고 자기 주도성이 없는 삶은 괜찮을까? 예를 들어 관계의 역동성을 줄다리기에 비교해 본다면 내가 끌고 가다가도 남에게 끌려가기도 한다. 관계도 줄다리기처럼 이리저리 끌고 끌리다가 어느 일방의 방식에 따르게 된다. 줄다리기 게임이든 뭐든 일방이 어이없이 끌려가면 싱겁고 재미없다고 느낀다.

이렇듯 타인의 삶의 방식을 인정하더라도 자기 주도성이 없는 관계는 매력이 없다. 사람 사이의 관계에서 보이지 않는 흥미로움과 원활함이 오랜 관계를 유지할 수 있는 에너지가 된다.

우리는 언제든 나와 다른 삶의 방식의 사람을 만나게 된다. 속내를 드러내지 않는 사람이든 솔직한 사람이든 만나고 헤어지는 타임이 있다. 그렇지만 함께 있어야 하는 타이밍에서 예의를 다했는가? 내가 그 사람을 도와야 할 일은 없었는가? 인연을 잘 해석해서 더 높은 차원의 만남으로 이어질 수 있는 성장의 힘을 길렀는가가 아닐까? 적어도 타인의 삶의 방식을 전혀 이해하지 않은 채 생기는 기분 상하는 일은 최소화해야 한다. 그러기 위해서는 내가 상대방을 이해하고 수용하려는 성숙한 노력을 계속할 수 밖에 없다.

06

내 마음대로 안 되는 게 사람이더라. 그래서 소통이 필요하다

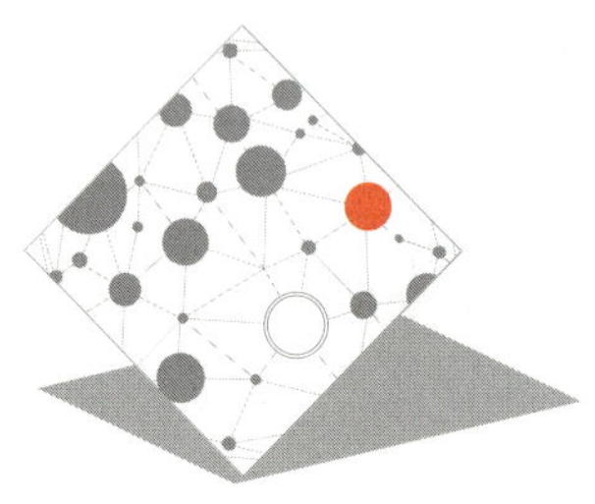

살면서 마음을 힘들게 하는 건 또 무엇이 있을까? 요즘도 그렇지만 과거에 나를 가장 힘들게 했던 건 나와 마음이 맞았으면 좋겠는데 노력해도 영 어떻게 해 볼 도리가 없는 사람을 만났을 때였다. 그것도 하루 종일 함께 하는 일터에서 벌어지는 상황이라면 더욱 힘들다. 스스로 업무의 양을 조절하면서 사람과의 관계도 어느 정도 간격을 띄울 수 있다면 좋겠지만 말이다. 나는 종종 주변인들로부터 이런 하소연을 듣는다. 그런 경우를 몇 가지 유형으로 정리해보자면

"그 사람을 만나기만 하면 스트레스를 받아 힘들어 죽겠어요. 주변 눈치 없이 자기주장이 너무 쎄서… 제가 말하고 있는데도 대놓고 반대의견을 말하고 사사건건 부딪치니 저는 이번 모임에서 빠지겠어요. 저 사람이 있으면 함께 하고 싶지가 않아요"

모임 멤버 중 누군가가 이처럼 '관계 우위 독선형'을 가진 사람이 있으면 주변에서 하소연이 이어진다. 주변 사람들은 힘들어하는데 당사자는 눈치채지 못한다. 모임의 리더는 어떻게든 소통과 중재로 모임을 원만히 끌고 가지 않으면 파열음이 발생하고 분위기가 좋지 않게 된다.

"그 사람을 그렇게 안 봤는데 욕심이 많은 게 아닌가 하는 생각이 들 때가 많아요. 뭐든 이기려 하고 승부욕이 많아서 보면서 좀 질려요"

이런 경우를 '관계 우위 승부형'이라고 부를 수 있을까? 이런 사람은 일과 성과에서 집착과 승부욕을 보인다면 좋은 효과를 낼 수 있다. 문제는 이러한 성향을 사람과의 관계에서 드러낼 때이다. 이런 사람은 많은 사람과 네트워크를 가지면서 내 편으로 만들고 싶어하기 때문에 반대로 손해를 보는 사람이 생기게 마련이다. 그러다 보면 본의 아니게 관계 네트워크에서 갈등을 불러오는 사람이 된다.

"그 사람과 나는 처음에는 사적으로 만났어요. 그러다가 차차 업무로 발전된 관계예요. 업무과 사적 관계는 다르잖아요. 그러던 어느 날 업무에 필요한 자료를 좀 더 세밀하게 정리했으면 좋겠다고 부탁을 했어요. 그랬더니 불같이 화를 내면서 '자기는 도저히 이 일을 못 하겠다'고 하더군요. 뭐가 문제인지 모르겠어요. 설명을 해주면 좋겠는데 너무 당황스럽네요"

이런 경우 여러 가지를 생각해 볼 수 있는데 일방적인 감정 폭발로 돌이킬 수 없는 관계가 되고 말았다. 화낸 이유가 무엇인지 몰라서 개선할 방법도 찾기 어렵다. 황당하고 당황스러운 마음만 남게 된다. 시간을 갖고 상대방과 차분한 대화로 해결을 할 수밖에 없다. 누군가 성숙한 자세로 대화의 물꼬를 열지 않으면 관계가 금방 깨지기 쉽다.

이처럼 사람과의 관계를 맺고 살아가는 데 있어서 원만하고 성숙한 자세를 갖기란 쉽지 않다. 어느 오후에 대로를 건너기 위해 신호를 기다리고 있던 참이었다. 고등학생으로 보이는 남학생 세 명이 보였다. 마침 두 명은 같은 신호등을 기다리고 있었고 나머지 한 명은 갈 길이 달라 두 명의 친구들에게 잘 가라고 인사를 했다.

그런데 두 명의 친구는 자기들끼리 이야기에 빠져 있어 친구의 인사를 보지도 못했다. 그래도 그 학생은 연신 잘 가라는 인사를 두 번 세 번 하는 것이다. 내 눈에는 인사를 연신 하는 친구의 모습이 조금 안쓰러워 보였다. 그들은 아직 어렸기에 서로를 존중하며 성숙한 인간관계를 터득하려면 앞으로 한 참 더 배워야 할 터였다. 보다 더 성숙한 인간관계를 가지기 위해 우리는 평소 어떠한 생각과 태도를 지녔는지 점검해보아야 한다.

🍀 자신의 주장을 소신 있게 말하면서도 상대방의 기분을 상하지 않게 하는 매너를 지녔는가?

🍀 서로 다른 의견에 대해 타협하면서 원만한 문제 해결을 할 수 있는 유연함을 지녔는가?

🍀 콤플렉스가 건드려지더라도 대화로 해결할 수 있는 객관적 자세를 갖추었는가?

관계에 대하여

✤ 관계 속에서 누군가를 따돌리지 않고 관용으로 포용할 수 있는 넉넉함을
　지녔는가?

　그러나 어느 누구도 완벽할 수는 없다. 나조차도 오랫동안 타인의 형사적 갈등을 해결하는 일을 했지만 누구보다 관계 속에서 벌어지는 문제를 해결하는데 오랜 시간이 걸렸다. 오래전 어떤 동료가 한 말이 아직도 기억이 난다 "나는 어떤 사람을 만나든지 거의 내 편으로 만들 수 있어. 사람을 딱 보면 어떻게 맞추면 되는지 금방 알 수 있으니까" 말 그대로 그녀는 관계성이 좋았다. 평소 잘 웃으며 명랑했고 동료들과도 관계가 원만했다. 그렇지만 나는 그 동료를 가까이서 지켜보고 그 방법도 들었지만 그녀의 노하우가 어떻게 적용되는지 쉽게 배워지지가 않았다. 한참 나중에 관계에서 가장 중요한 요소 중 하나가 바로 친밀감이라는 사실을 깨닫게 되었다.

　친밀감은 사람과의 관계를 맺는데 있어 때로는 공격수와 수비수의 역할을 모두 담당한다. 서로 즐겁게, 때로는 상대방을 배려하는 민감한 요소 중 하나인 바소프레신이라는 친밀감을 느끼게 하는 호르몬을 분비할 그 교묘한 타이밍을 모른다면 과연 무엇으로 즐거운 관계를 지속시킬 수 있겠는가?

　그래서 사는 내내 내 마음과 맞지 않는 사람을 만났을 때 더욱 긴장하며 실수가 많았다. 우선 내게 까다롭게 구는 사람이면 장래에 도움이 될 사람이라도 멀리했다. 특히 타인을 비웃듯 평가조로 말하는 어조를 가진 사람이 종종 있는데 그런 사람도 가까이하지 않았다. 마치 내가 그 사람의 평가의 대상이 될 것 같은 염려가 들었기 때문이다.

언젠가 함께 대화를 나누다가 상대방의 행동에 불편한 생각이 문득 들었다. '도대체 타인에게 걸려오는 시시콜콜한 전화통화까지 다 응대하다니, 날 뭘로 보고' 라는 생각에 내 시간을 갉아먹는 기분이 들었다. 당연히 급한 전화는 양해를 구하고 받을 수밖에 없지만 말이다. 이런 사람을 계속 만나야 할까? 하는 생각이 순간 스친다.

이런 고민이 들게 하는 경우는 또 있다. 단점이나 실수가 드러나도 미안하다는 말을 절대 안 하는 솔직하지 못한 사람, 얘기를 끝까지 안 듣고 요점만 얘기하라고 다그치는 사람, 사실처럼 얘기하지만 정확한 근거는 말하지 못하는 사람…

나 또한 이렇게 열거한 내용 중에 어느 일부에 속할지 모른다. 내 마음대로 이리저리 사람을 좌지우지할 수 있는 것도 아닌데 이런저런 핑계를 다 나열하다 보면 만날 사람이 하나도 없게 된다. 나만 외톨이가 되고 자연히 관계도 원만하지 못하게 된다.

관계 안에서 주의해야 할 부분이 "내가 이 사람을 이렇게 했을 때 이렇게 될 거야" 라는 나를 위한 타인의 심리적 지배의식이다. 그래서 결국 내 예상에 맞지 않았을 때 더욱 실망하고 배신감을 느끼고, 때로는 패배감과 좌절에 휩싸이기만 할 뿐이다. 그러니 사람은 내가 이렇게 저렇게 할 수 있는 부분이 결코 아닌 것이다.

관계란 기회와 기회가 만나 또 다른 기회를 만드는 것일 뿐, 그 이상도, 그 이하도 아무것도 아니다. 나를 위한 사람에 대한 기대는 안 하는 것이 좋다. 그렇지만 우리는 하루를 누군가를 만남으로 인하여 시작하기 때문에 나와 마음이 통하는 사람을 만나면 기분 좋고 더욱 기쁘다.

관계에 대하여

그렇지만 그렇지 않은 날을 위해 더 열린 마음으로 상대를 바라보는 성숙한 자세를 연습해야 한다.

오늘도 나는 가방에서 작은 무지 수첩을 꺼낸다. 덜덜거리는 지하철 5호선에서 그때마다 느껴지는 감정과 기분을 적는다. 친숙한 사람들과 만남을 떠올리며 기대와 긍정의 기분을, 낯선 사람이라도 늘 잘해 왔고 잘할 수 있다는 믿음을 새길 수 있음에 감사한다. 어떠한 노력에도 천 길 물속은 알아도 한 길 사람 속은 모르는 법이기에 내 감정에 충실한 사람이 되자고 다짐해본다.

07

내가 아는 것만큼 관계가 보인다

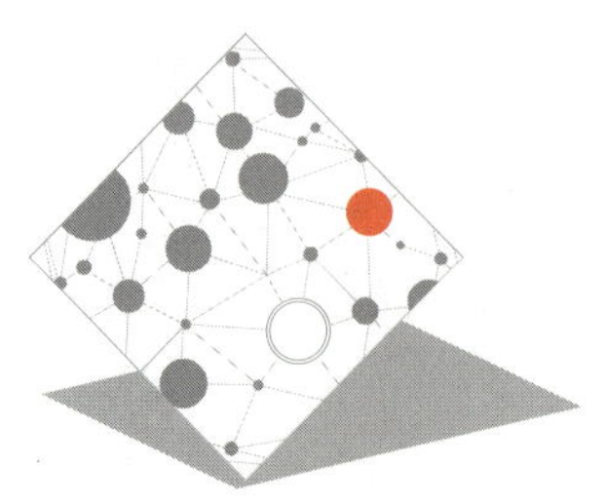

예전에는 뭔가 중요한 핵심 정보를 발견하거나 알고 있는 사람만이 지식, 부, 명예, 또한 긴밀한 관계까지 모든 면에서 우위를 차지했다. 서로 만나서 이루어지는 대면 관계를 중시하였다면 지금은 온라인에서 주고받는 정보들을 잘 선별하고 파악하는 일, SNS상에서 자신을 알리면서 소통과 정보력을 이끄는 능력이 더 중요해졌다.

요즘 많은 사람들이 블로그와 페이스북 등 SNS 온라인의 바다를 헤엄치고 있다. 수시로 친구 맺기를 하며 자신이 작성한 글이나 영상에 공감이나 좋아요, 댓글을 통해 어느 누군가와 소통을 한다. 종종 불편한 글들이 오가면서 크고 작은 마찰이 빚어지는 것만 조심한다면 상대방을 직접 만나지 않고서도 만족스러운 소통을 할 수 있는 공간으로 활용할 수 있다.

그럼에도 사람 사는 일이란 갈등이 없을 수 없다. 나는 오랜 시간 사람 간에 일어나는 별의별 갈등상황을 많이 경험해서인지 댓글이나 메시지를 전달할 때 자연스럽게 조심스럽다. 개인 간 화해가 이루어지지 않아 법적으로 따지다 보면 생각보다 더 골치 아픈 결과를 많이 보아왔기 때문이다. 되도록 개인 간에 원만히 해결하고 상대방의 감정을 회복하게 하는 노력이 중요한 것 같다.

그런데 SNS 상에서든지, 어디서든지 무리 없이 소통하면서 관계를 잘 맺는 것이 때론 어려운가 보다. 하루는 내가 아는 지인이 SNS 댓글 작성 때문에 고소를 당해 벌금을 경험한 사실을 털어놓았다. 나는 놀랐다. 아주 평범한 분이었는데 문제가 될 소지가 있는 댓글 내용임을 예상하지 못했다는 것이....

그럴 수 있다. 경험해보지 못한 것은 의외로 미처 알지 못할 수 있다. 지인은 안타깝지만 수고로운 그 경험을 통해 어느 곳이든지 사람과의 의견의 선(線)을 깨달았을 것이다. 많은 사람들이 그렇다. 부딪쳐 봐야 아는 것들이 많다. 바로 관계도 그렇다.

나는 직장생활을 하는 내내 동네 주부들 모임에 끼고 싶었다. 학령기 자녀가 있다 보니 관련 소식도 듣고 싶고 여러모로 사귀어 알고 있으면 좋을 것 같았다. 그러나 그게 생각보다 잘 안되었다. 그런데 같은 직장에 다니던 지인 언니는 동네 사람들을 참 잘 사귀었다. 그녀는 성격이 느긋하고 사귐성이 좋았다. 부러웠다.

그렇게 시간이 흐르고 자연스럽게 깨닫게 된 것은 지금은 오히려 관계를 많이 맺는 것이 나에게는 그다지 좋지 않다는 것을 알았다. 나에게 잘 맞는 패턴은 많은 문어발식 관계보다 적당한 관계 형성이다. 지나치게 넓어진 인맥과 관계는 자칫 필요 없는 에너지를 낭비한다. 나를 불러준다고 무조건 달려가서도 안 되고, 부르지 않아도 가야 할 때가 있다.

인간과의 관계는 단순히 정서를 나누면서 친밀감을 소통하기도 하지만 금전과 일까지도 연결된다. 이제 눈을 감고 내가 아는 관계의 패턴이 무엇이 있는지 생각해보자. 가령 내가 지금 어떤 관계를 맺을지 말지 고민하고 있다고 한다면, 그것이 사람과의 만남으로 그칠 수도 있고, 새로운 일에 뛰어든다거나 취미생활을 즐기는 일이 될 수도 있다.

우선, 이런 경우 왜 이러한 관계 속에 놓이게 되었는지 원인을 잘 해석할 수 있는가? 뭐든지 우연이란 없다. 내가 간절히 원했거나 내게 필요한 요소이거나 피해야 할 타이밍이 다시 온 것일 수도 있다. 관계는 득이 될 수도 손해가 될 수도 있다. 언젠가 선배 언니와 나눈 대화에서 큰 교훈을 받은 적이 있다.

'사람과의 관계는 시간이 지날수록 멀어지는 법이야'

그때 나는 그 말이 이해가 안 되었다. 사람이 만날수록 친해지지 어떻게 사이가 나빠질 수 있을까 하는 생각 때문이었다. 그런데 살아보니 그 말이 맞았다. 연애 시절도 첫 데이트가 가장 설레고 기억에 오래 남는다. 친해질수록 친밀함이 더해지는 것 같지만 갈수록 상대방의 단점도 잘 보이고 이해하고 넘어가야 할 것들이 많아진다. 그러기에 더욱 관계 개선을 위해 서로의 노력이 많이 필요하다. 그런데 그게 쉽지 않다. 그래서 많은 사람들이 관계의 어려움을 호소한다. 또한 갈수록 개방화되는 온라인 문화 탓에 직접 경험하지 않은 타인의 간접 경험에 대

관계에 대하여

해 영향을 많이 받으며 부정적인 것들과 연결되는 경우가 많다.

특히 많은 사람의 공감을 이끄는 공인들의 연애와 결혼, 이혼과 비혼 등 최신 소식이 여기저기 들린다. 이렇게 타인의 관계 속 모습이 크고 작은 이야기로 공유되며 개인의 삶에도 영향을 끼친다.

나는 우연히 20대 젊은 여성과 얘기하다가 연애나 결혼에 대한 주제에 대해서도 가볍게 나누게 되었다. 그녀는 "저는 비교적 어릴 때부터 인터넷 커뮤니티에서 타인의 이야기를 많이 경험했어요. 긍정적인 이야기는 별로 없었어요. 그래서일까요? 이성을 만나는 것에 기대감이 안 생겨요. 결혼도요…"라고 말했다. 그녀의 이야기에 많은 생각이 교차했다. 나는 마음속으로 생각하기를, 앞으로 살아갈 날이 많은 그녀가 경험하지 않는 사실만을 전부라고 믿지 않기를 바랐다. 그녀가 따스한 공감과 소통의 관계 안으로 걸어가게 되기를 마음속으로 기원했다.

이렇게 나와 연결된 관계를 살펴본 후에 어떤 상황으로 이 관계가 흘러갈 것인지 예상할 수 있는가를 확인해보자. '아무것도 하지 않으면 아무 일도 일어나지 않는다'는 말처럼 관계를 이어가지 않겠다고 선언하면 상황은 종료된다.

그렇지만 '그래도 난 최악의 경우가 일어나더라도 이 관계를 지속하겠다' 라고 마음먹는다면 이제부터 관계 리스크 관리에 들어가야 한다. 늘 염두에 두는 것은 리스크를 안고 가야하는 상황에서 그래도 위안이 되는 것은 "이것이 최선의 선택이었다" 라는 점을 확인하고 가는 일이다. 그리고 그 선택에 책임이 따른다. 만남과 관계 속에서 얼마나 이해하고 공유하며 선한 관계를 지속할 수 있는가? 그게 아니면 어떤 결정 단계에서 과감히 포기해야 할 때도 생긴다.

얼마 전 내가 진행하는 연구소와 관련된 일들이 더 활발히 이루어지길 바랐다. 좀 더 전문적으로 영역이 확장되었으면 싶었다. 그러던 차에 전문가를 양성하는 기관의 대표자를 만나게 되었다. 마지막으로 제휴할 서류작업만 남아 있지만 몇 주째 머뭇거리고 있다. 소중하고 가치 있는 교육 사업이라 꼭 진행하고 싶지만 마음 한구석에 부담해야 할 리스크가 떠오른다. 동종 업계 소식을 모르는 바가 아니기에 여러 상황에 따른 이런저런 잡다한 생각에 일의 진행을 오히려 방해한다.

관계도 이와 마찬가지다. 여러 인간관계를 통해 나에게 미칠 영향을 많이 안다고 해서 무조건 좋으라는 법도 없다. 나와 부정적인 관계 형성이 예상되면 자연스럽게 멀어진다. 긍정적 관계를 예상했지만 생각 외로 난감한 상황으로 변화할 때가 있다. 무엇보다 모임이나 기관의 리더라면 누가 모두와 관계 형성에 더 적합할지 더욱 신경 쓸 수밖에 없다.

오래전부터 '인성이 스펙이다'라는 말이 정설로 통하고 있다. 기업에서는 일이나 능력이 뛰어난 사람보다 '사람 됨됨이'가 나은 사람을 더 선호한다. 이처럼 관계를 세워갈 때 사람의 내면을 파악하는 눈을 더 기르고 싶을 때가 많다. '아 내가 이 모임을 오지 말았어야 하는데 내가 깊이 생각을 못했네'라고 할 때 내가 거부할 수 없는 관계가 맺어진 후이다. 또 '저 사람 그렇게 안 봤는데 왜 저러지?' 라고 할 때 이미 그 사람과 관계가 만들어졌고 때는 늦었을 때도 있다. 이때 몇 가지 자기만의 원칙을 세워두면 어떨까?

관계에 대하여

❋ 나이 마흔이 지나면 사람은 변하지 않음을 받아들여라

❋ 남편 혹은 아내가 나이가 들면 변하지 않을까 하는 생각은 버려라

❋ 아쉬워도 늘 혼자인 사람과 함께 하지 마라. 언젠가 나와도 함께 할 수 없
　 는 날이 온다

❋ 뒷담화를 자주 하는 사람 앞에서 고개를 끄덕이지 말고 멀리하라

❋ 책임감은 없이 너무 자신만만한 사람을 멀리하라

이와 같이 자신이 실수했거나 성공한 경험을 떠올리며 자신만의 관
계에서의 원칙을 세우고 갈 때 독특한 관계의 라이프 사이클이 형성될
것이다. 누군가의 성공 경험도 좋아 보이지만 각 개인마다 서로 다른
환경과 독특한 성격을 가지고 있기 때문에 같은 사람은 하나도 없다.

관계는 나로부터 시작하고 내가 잘 아는 것부터 차근차근 관계망을
넓혀 나갈 때 가장 안전하다. 사람마다 관계를 형성하는 대화방식, 말
투, 행동 등 독특한 습관이 있다. 그것을 조금씩 개발하고 연구하면 된
다. 나도 한때 관계가 리셋 될 때마다 두려웠다.

그러나 역설적으로 끝이 아닌 일종의 '헤어짐의 미학' 같은 것을 즐
기는 순간이 올 것이다. 컵의 내용물을 비워야 새것을 담을 수 있다. 이
사람 손을 놓아야 저 사람 손을 잡을 수 있는 것처럼 말이다. 적어도 세
상이 자책투성이에 관계의 성공의식에 심하게 목말라 있는 것 같은 모
습일지라도,

❋ 왜 우리는 멀어졌을까? 내가 뭘 잘못한 게 있었나?

❋ 그 친구는 나 말고 왜 다른 친구를 더 좋아할까?

51

✽ 저번에 만났을 때 혹시 나의 말에 상처를 받았나?

　하지만 중요한 건 자기를 성찰할 시간으로 자존감을 회복할 타이밍으로 만들어야 한다. 만남과 헤어짐의 타이밍에서 두 가지 결정이 우릴 기다리고 있다. 다시 새롭게 시작할 수 있는 사람, 두려워서 아무것도 시작하지 못하는 사람. 그럼에도 불구하고 내가 아는 것부터 실천하며 희망을 걸어보는 것이다. 결코 끝은 끝이 아니다. 또 다른 시작의 시그널이다.

　결국, 인간관계는 내가 아는 것에서부터 시작되고 귀결된다. 내가 가진 것만 고집하지 말고 나와 연결될 수 있는 모든 여지를 먼저 알아보자. 만약 나의 관계가 흔들릴지라도 나를 보호할 방패막이 될 수가 있을 것이다.

관계에 대하여

관계를 예측할 수 있다면 얼마나 좋을까?

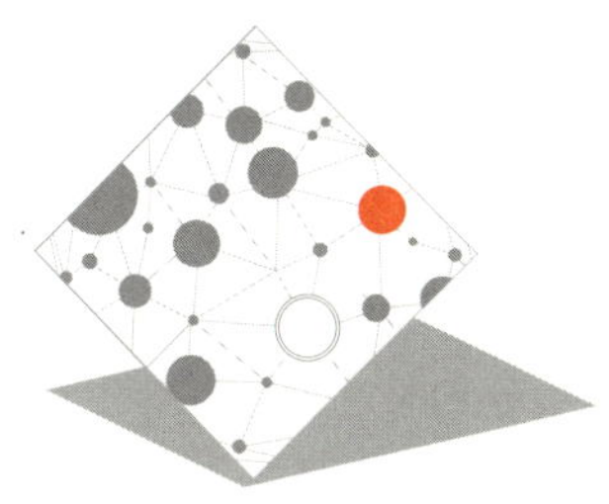

젊은 시절 나는 종종 무작정 아무 버스에 몸을 싣고 종점까지 갔다가 돌아오곤 했다. 어디론가 향하는 버스 안에서 새로운 장소와 낯선 인연을 맺는 경험이 좋았다. 나는 내심 예측 불가능 속에서 만나는 낯설면서도 다른 이색적인 경험들을 동경했던 것 같다. 이것저것 따지지 않고 무작정 기회를 잡으려고 노력하곤 했었으니까. 이런 경우 아무래도 잦은 실수가 뒤따르게 마련이다.

만약 일평생 자신이 어떤 사람들을 상대하며 관계를 만들어갈 것인지에 대해 고민하지 않는다면, 미래에 어떤 관계를 지향하며 살아야 하는지 이해력이나 가치관이 부족하다면 어떻게 될까? 아마도 예측 불가능한 관계를 맞이하지 않을까? 그리고 지난 날, 버스가 주었던 일회적 즐거운 경험과 달리 평생 동안 진행될 관계 안에서 새로움을 너머 후회스러운 관계 경험도 안겨줄 것이다.

✿ 계급장과 제복은 보이지 않는 울퉁불퉁한 갈등 관계를 감춰준다

➤ 제복의 매력 속에 숨은 고통이 있다

✿ 특기나 인맥이 새로운 관계를 열어 준다

➤ 특기나 인맥을 찾는 노력이 필요하다

✿ 동료직원에게 배려를 원한다면 내 에너지를 나눠야 한다

➤ 인사는 만사다

✿ 동료 간 신뢰 관계는 집단 지성이 있는 곳에서 가능하다.

➤ 내가 가려는 곳에 집단 지성이 있는 곳인지 알아보면 좋다

✿ 업무 능력 이외에 친화력이 있으면 업무 관계에 유리하다

➤ 업무 능력은 필수이며 친화력도 마찬가지다

✿ 뒷 담화는 일종의 습관적 악습이며 건강한 관계의 독이다

➤ 뒷담화가 없는 천국은 없다

✿ 내가 관계한 곳이 곧 내 자존심과 자부심이다

➤ 내 자존심과 자부심은 무엇인지 확인이 필요하다

위의 말은 오랫동안 일과 사람들 속에서 좌충우돌한 경험에서 알게 된 것들이다. 이것을 미리 예측했더라면 더 만족스러운 삶을 살았을까? 아마 그랬다면 어느 정도 대비하며 조금 더 수월하지 않았을까? 그렇지 못하다면 안타깝게도 관계가 어디로 달릴지 언제 멈출지 예상이 힘든 폭주 기관차처럼 느껴질지도 모른다.

매일 매일 다가오는 관계의 무게와 가속도를 견디며 삶의 주인 의식은 사라지고 막연히 멈춰지기만을 바라며 회피 가득한 하루 하루를 보내는 것이다. 마치 누군가에게 삶의 제어권을 빼앗긴 것처럼 실수할 것

관계에 대하여

같은 긴장감도 감수하면서 '지금 나와 연결된 이 모든 관계에서 벗어나야 하는 건 아닐까? 이런 관계 안에서 계속 지내는 게 가능할까?' 는 생각이 계속해서 머릿속을 맴돌고 자신을 괴롭힌다면 이것은 관계가 새롭게 리셋 될 신호등이 켜진 것이다.

만약 이러한 감정 신호에 반응하지 않은 채 오랜 기간 방치하면 무기력증이나 자포자기 상태를 겪으며 실수나 본의 아닌 사람들의 오해를 겪는 상황이 발생하기도 한다. 그러므로 다른 무엇보다도 자기 자신을 점검해보라는 신호로 받아들이는 게 좋다.

✿ 가족 누군가와 이별하고 싶어 마음에 빨간 신호등이 켜졌다면

  ➤ 관계를 완전히 끊어내지 말고 느슨하게 만들 수 있는 방법을 찾아보자. 단절보다 효과적인 방법을 숙고해보는게 좋다.

✿ 어떤 친구 혹은 동료와의 원만하지 못한 관계가 더 큰 일을 방해한다면

  ➤ 지금 관계소통 방법을 분석하고 해결할 타이밍을 놓치면 더 큰 문제에 놓일 것이다. 관계도 쉬운 단계에서 어려운 단계로 성장한다. 적절한 성장을 놓치면 다음 단계 성장에 영향을 미치듯 주어진 관계 문제를 완수하고 다음 단계로 성장하는 시기로 만들어야 한다.

✿ 지금껏 관련된 어떤 사람 혹은 나와 연결된 관계들이 무겁고 부담스럽다면

  ➤ 후회가 없을 만큼 노력했다면 이제 다른 기회와 관계를 찾아 떠날 때가 된 거다. 마이 웨이를 찾을 용기 있는 결단을 내릴 수 있다. 각자의 삶과 환경은 더욱 복잡하고 각각의 상황은 똑같지 않다. 길이 어디로나 연결되어 있듯이 관계도 길처럼 열려있고 어디로든 뚫려 있다.

누구나 보이지 않는 관계로 향할 신중함과 예지력을 가지고 있다고 나는 믿는다. 그 힘의 능력과 선택을 통해 관계의 재정립이 일어난다. 시간은 걸리지만 누군가와 헤어지면 다른 사람이 기다리고, 고정된 곳에서 벗어나면 다른 방향으로 통하는 길이 나타나기 때문이다. 다시는 결코 만날 수 없거나 꼭 다시 만나야 하는 필연과 우연이 운명 같은 관계처럼 겹치기도 한다.

가족 간의 정신적 유대관계는 절대 단절될 수 있는 성질의 것이 아니다. 반면 생계를 위해 뛰어드는 여러 일과 관련된 관계는 일정 부분 선택이 가능하다. 더 나아가 여러 사람과 취미를 즐기면서 재미를 느끼는 관계를 잘 활용하면 삶의 풍요로움이 더해질 것이다.

간혹 우리는 나를 둘러싼 겹겹이 쌓인 수많은 관계와 경험을 통해 사명을 발견하기도 한다. 이렇듯 여러 가지 관계의 필수적이거나 선택적 조합들이 골고루 더해져 살맛이 난다. 살맛이 나야 인생이 행복하고 건강하다.

그럼에도 현실 속에서 당신은 지금도 어떤 관계 안에서 정체되어 있다고 느낄지도 모른다. 매일 같은 사건과 동일한 만남의 연속이며 우울한 기분을 적절하게 해소해 줄 관계 형성이 극도로 그리울 수 있다. 어쩌면 당신은 오프라 윈프리가 언급한 내용에서 고개를 끄덕일 것이다.

"여러분과 리무진을 타고 싶어하는 사람은 많지만, 정작 여러분이 원하는 사람은 리무진이 고장 났을 때 같이 버스를 타 줄 사람이다."

이와 같이 우리에게 어떤 한 사람의 위로자 그리고 그 관계가 필요한

관계에 대하여

것인지도 모른다. 나는 오랫동안 위로가 되는 관계를 제대로 예측하지도 찾지도 못했다. 어떤 관계 속에서 즐겁게 뛰노는 운동장을 찾지 못한 아이와 같았다.

열심히 살고 싶은 성취 의욕은 있었지만 주변 시선을 의식하며 나만의 진정한 자유를 누리지 못했다. 항상 생각은 어떤 형태 안에 고정되어 있고 시선은 내 안에 머물러 있었다. 게다가 과감한 결단이나 변수 상황에 긍정적으로 바라보는 유연한 사고가 부족해서 더 넓은 관계 인식에 한계를 느껴왔다. 일종의 부드러운 주행감이 부족한 것인데 내 안의 버퍼링 없는 관계의 자유함을 갖는 것이 무엇보다 중요했었는데 말이다.

예를 들어, 상대방에게 불만이 있을 때 그 기분을 빨리 털어버리는 습관을 갖는 것이다. 그렇지 않으면 내 감정이 내내 찜찜할 뿐 아니라 왠지 상대방과도 멀어진 기분이 든다. 원만한 관계에서 상당히 멀어질 수가 있다.

부지불식간에 상대방에게 모욕감을 느꼈다고 생각할 때는 오히려 예의 있게 접근하는 것이 좋다. 관계가 전화위복이 되어 안도감과 성취감을 느끼며 위로를 받을 것이다. 간혹 부득이하게 어떤 오해가 생길 수 있는데, 무엇보다 진솔한 의사 표현으로 당사자끼리 화해하는 노력 등 여러 관계의 원칙으로 가져갈 수 있으면 좋다.

예를 들어, 내가 먼저 안부 인사했다고 자존심 상해하지 않기, 뭔가 해명이 필요한 일은 먼저 사과와 동시에 정중한 용서를 구하고 부끄러워하지 않기, 인사하는 자리에서 더 큰 눈짓과 몸동작 추가하기 등등이 있을 것이다.

이와 같이 나의 가장 독창적인 관계성을 가장 효과적으로 상대에게 충분히 전달하는 것이 다음 관계를 더 많이 보장받게 한다. 물론 관계를 정확히 예측하는 것은 어렵지만 내가 경험한 것들을 잘 정리하고 피드백하면서 어느 때 어떻게 행동할지 배려와 사랑이 깃든 관계의 자유함이 예측하지 못하는 관계의 불안 속에서 나를 건져줄 구원의 도구가 될 것이다.

2장
내가 먼저 바로 서야
타인도 보인다

나는 정말 나를 사랑했을까?

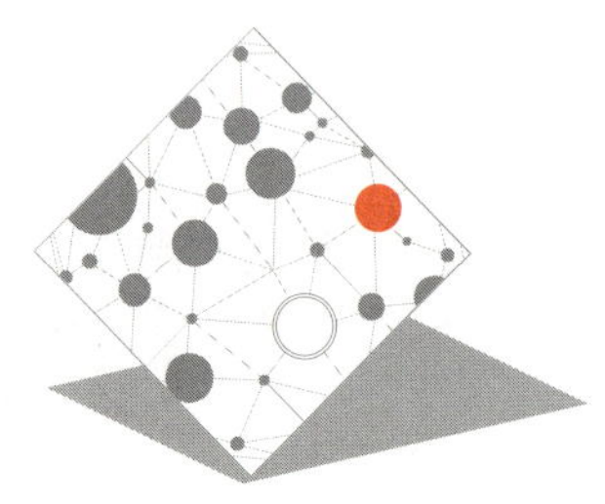

나는 정말 나를 사랑했을까? 라는 질문을 스스로에게 던져본다면 어떨까? 그동안 '나'라는 자신과 얼마나 깊고 솔직한 대화를 했을까? 어느 날 문득 잠깐 찰나의 순간이라도 자신이 누군가에게서 철저하게 버려진 것 같다는 씁쓸한 기분을 느껴진 본 적이 있는가? 어떤 어려움을 마주할 때 감사보다 분노가 먼저 치밀어 오르는 순간을 자주 마주하는가? 그리고 미움과 분노 속에서 남 탓을 하며 밤잠을 설친 적이 있는가?

혹시라도 그런 마음이 자주 든다면 평소 자신의 내면과 깊고 솔직한 대화를 더 자주 할 기회를 잡아야 한다. 문득 찾아오는 스트레스를 경험하면서 자신을 위로해 줄 대상이나 사랑을 외부에서 찾고 있다거나, 이제껏 살면서 스스로 만족을 경험하게 하는 따스한 격려와 세심한 사랑을 맛보지 못했을수록 더욱 그렇다. 온전히 나를 이해해 줄 사람이 있을까? 그런 사람은 '나' 밖에 없다.

그렇기 때문에 이제부터 내가 나를 사랑하려면 수많은 부정적인 생각부터 떨쳐버려야 한다. 누군가를 사랑하고 싶다면, 누군가와 잘 지내고 싶다면 나부터 사랑하는 사람이 되어야 한다. 그래야 남도 제대로 사랑할 수 있다. 그런데 대부분 그렇지 못한 경우가 많다. 이런 저런 부정적인 생각의 지배를 받으면서 스스로 '만족'이라는 감정에서 자연스럽게 밀려나게 된다.

자신의 작은 실수도 용납하지 못하고 끝없이 채찍질하고 화를 내는 일이 일상적인 루틴이 되어 있다면 자신을 용서하고 용납하는 법을 먼저 배우자. 물론 그게 결코 쉬운 일은 아닐 것이다. 그러나 부정적인 감정도 연습을 통해 충분히 긍정적인 감정으로 변화시킬 수 있다. 예를 들어, 부정적인 생각이 들 때, 재빨리 생각을 전환하거나 긍정적인 말을 자주 내뱉는 것이다. 다음은 부정적인 생각을 긍정적으로 생각 전환의 예시이다.

🍀 너는 너무 겁쟁이야 (➤ 아니, 원래 사람은 겁이 많아)

🍀 오늘도 실수하고 말았어 (➤ 실수는 누구나 할 수 있어, 괜찮아)

🍀 내가 만든 보고서가 피드백이 안 좋으면 어떡하지?

(➤ 나로선 이게 최선이야. 지금 하고 있는 일이 너에게 맞는지 생각해봐, 더 잘할 수 있는 분야가 분명히 있을 거야)

🍀 왜 사람들은 나를 좋아하지 않을까 (➤ 혹시 나부터 나를 좋아하니?)

🍀 너는 일을 이것 밖에 못하니?

(➤ 이 일도 못하는 사람이 수두룩해, 너는 지금 잘하고 있어)

🍀 오늘 안 좋은 일이 생기면 어떡하지?

2장 내가 먼저 바로 서야 타인도 보인다

(➤ 미리부터 걱정하지 마, 항상 무난하게 잘 대처했잖아)

✿ 이 많은 일을 언제 다 할까?

(➤ 최선을 다했으면 됐어. 언제나 한계는 있는 거야)

불안을 다스리고, 자존감을 높이는 100가지 심리 도구를 설명한 샤샤 바힘의 『내 기분 사용법』에는 사람마다 다르지만 누구나 기본적으로 스트레스에 취약한 어느 정도의 긴장도를 가지고 있다고 한다. 이 긴장도를 느긋하게 잘 활용하는 사람이 있는 반면, 사소한 일로도 금세 한계치를 넘어서는 사람도 있다는 것이다. 사회생활을 하며 만나는 수없이 많은 인연과 그들과 맺는 관계는 피할 수 없다. 그에 따른 인간관계 스트레스도 마찬가지다.

과거 나의 경우, 매사에 자신의 능력을 평가 절하하고 긍정적인 피드백을 주지 못했다. 특히 사회생활에서 만나는 수많은 사람들과의 관계 속에서 오는 불편함을 제대로 해석하지 못해서 며칠을 끙끙 앓은 적도 있었다.

한때 나의 고민 중 하나는 나의 유능감이 제대로 발휘되지 않은 것 같은 찜찜함이었다. 더 잘할 수 있었는데 제대로 실력 발휘를 못했다는 아쉬움과 자책이 스스로를 괴롭혔다. 그렇게 고민하면 고민할수록 일과 사람과의 관계는 점점 꼬여가고 내면에 괴로움은 더욱 쌓여갔다.

이렇듯 사소한 생각은 사회생활과 대인관계에 더욱 안 좋은 영향을 미친다. 어디서든 껄끄러운 관계가 만들어질 수 있는데, 관계에서 오는 불편한 감정을 해소할 방법을 적극적으로 찾아내 대응하기 어렵게 만든다. 나를 긍정적인 운과 그 환경 안에 들여놓지 못했기 때문에 부수

관계에 대하여

적으로 모함, 험담, 관계 단절이 뒤따라오기도 한다. 이럴 때 일수록 이런 저런 긍정감으로 자신의 기억장치를 채워놓아라. 자기 효능감을 높여야 대인 관계에서 유리한 고지를 차지할 수 있다.

그런데, 왜 자신의 능력을 믿지 못하고 평가 절하하는 것일까? 수많은 이유가 있겠지만 순간순간의 선택에서 부정적 노출을 이겨내지 못했던 것 아닐까? 생애 최초부터 자신감을 배울 기회가 부족했다거나 격려가 부족했을 수 있고, 여러 복합적인 불리한 조건이 나열되었을지도 모른다. 그렇지만 어떠한 조건에서도 자신의 유능성을 신뢰하는 마음을 버리지 말아야 한다. 이제부터 스스로에 대한 신뢰감과 친밀함을 배울 수 있는 것은 자신의 선택에 달려 있다.

❀ 나는 자신을 믿도록 모든 가능성을 총동원할 수 있다
❀ 나는 자신을 용서하도록 부드러운 마음을 끌어낼 수 있다
❀ 나는 자신을 사랑하고 남도 사랑하는 사람이 될 수 있다
❀ 나는 수많은 선택의 갈림길 속에서 나에게 도움이 되는 선택을 할 수 있다

내가 아는 L씨는 성격이 서글서글하고 타인을 향해 칭찬도 잘한다. 그런데 대화 중에 누군가의 뒷담화를 한 번쯤은 꼭 하고 넘어간다. 건전한 비판과 의견은 언제든지 가능하지만 그것이 정서의 불안감에서 오는 자신의 인정 욕구를 채우기 위한 수단으로 사용할 때는 곤란하다.

자신이 남을 향해 가십을 자주 한다면 자신 안에 사랑과 신뢰가 충분한지 확인해보아야 한다. 남 얘기를 하면서 자신의 욕구를 채우는 것이 과연 자신의 마음을 건강하게 하는 일인지 되돌아 볼 일이다. 나를 먼

저 사랑하고 아끼는 마음이 있어야 남의 실수도 너그러워지지 않을까? 자신을 용서하는 법을 알아야 남을 용서할 수 있다. 그런데 자신부터 먼저 용서하는 법을 어떻게 배울 수 있을까?

몇 년 전 나는 크게 아팠다. 갑상선암과 함께 불안과 공황 증세까지 찾아왔다. 암 수술 후에도 불안과 공황 증세는 쉽게 가라앉지 않았다. 아무것도 할 수 없는 그때, 미움에 스스로 사로잡힌 내 모습이 보였다. 어린 시절 너무 바빴던 부모님, 불안한 결혼생활, 늘 날 선 직장관계에서 비롯된 수많은 미움의 감정들이 내 마음속 뜨거운 불이 되어 이글이글 나를 태우고 있었다. 나 스스로 해소하지 못한 미움의 감정들이 나를 공격하고 있었다.

미움이 나를 번 아웃시킨 결정적 원인이었는지는 모르겠지만, 미움의 무게를 도저히 버틸 수 없었다. 수많은 죄책감의 눈물들이 내 마음 어디에선가 마구 쏟아져 나왔다. 덕분에 질병은 오히려 내게 삶을 되돌아보는 기회를 제공해주었다. 그뿐만 아니라, 그 과정에서 비로소 나는 과거를 이해하고 사랑하는 힘이 생겼다.

그런 자신을 향한 용서 혹은 마주함의 과정은 어느 날 불현듯 찾아올 수도 있고, 수많은 작은 과정들 속에서 여과되어 하나의 불씨가 동기가 되어 타오를 수도 있다. 때때로 외부에서 유입되는 내 불안을 자각하고 내 마음에 불안을 여과하는 필터링도 장착해야 한다. 그러기 위해서 하나의 공장을 세우듯 '나 수용하기' 공부가 필요하다. 자신에게 마음의 선물 주기, 자신에게 위로와 칭찬 격려하기, 현실을 긍정하며 받아들이기 등등. 더 필요하다면 자기 분석을 위한 전문가와의 상담, 체계적인

관계에 대하여

심리 공부를 통해 '나'에 대한 이해를 더 심도 있게 할 수 있다.

무엇보다, 나의 내면을 충만하게 채우는 충전 방법과 스트레스 관리법이 무엇인지 찾는 일이 중요하다. 자꾸만 마음의 균형을 잃어가려는 순간을 포착하고 그 밸런스를 잡아가는 것이 나를 사랑하는 첫걸음이다.

정말 내가 나를 사랑하는 것이 힘든 일일까? 그러나 이것은 극복하며 부족함을 채울 수 있다는 하나의 신호이다. 무언가에 죽도록 힘들다는 건, 누군가를 진심으로 이해하고 위로가 가능한 사람으로 성장할 수 있다는 증거이기도 하다. "당신이 경험의 주인이지, 경험이 당신의 주인은 아니다"라고 말한 『퓨처셀프』의 저자 벤자민 하디의 말처럼 말이다.

누구나 관계를 주체적으로 해석할 능력은 있다

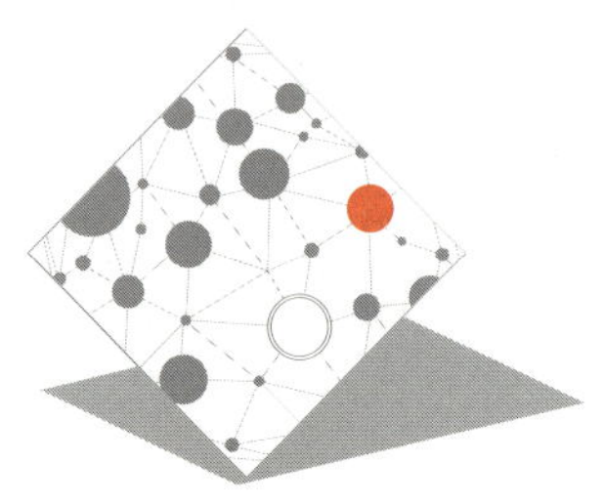

얼마나 많은 사람들이 관계를 주체적으로 해석하며 살아가고 있을까? 혹시 어떤 알 수 없는 압력이나 무언의 작용에 의해 끌려가며 살아가고 있는 것은 아닐까? 얼마 전 지인한테서 뜻밖의 소식을 듣게 되었다.

"제가 그동안 좀 힘들었어요. 아는 사람한테 사기를 당해서 뒤처리 좀 하느라고 정신이 없어서…"

더 자세한 건 물어보지 못했지만 금전적으로 피해당한 돈을 메우느라 더 바빠졌다며 우리는 만날 날을 뒤로 미루고 전화를 끊었다. 어쩌다 사기를 당하게 되었을까? 금전적 손해로 말미암아 얼마나 많은 부수적인 애로사항들이 생기겠는가? 원하지 않는 일을 해야 할 것이고, 내 마음대로 살아왔던 일상이 어려워지게 되는 것이다. 우리처럼 꼭 다시 만나자고 약속했음에도 언제가 될지 모르는 생활고가 풀릴 날을 기다리며 만날 시간도 예상할 수 없게 된다.

자신의 개입 없이(백 퍼센트 어쩔 수 없이 벌어진 예상외의 사건은 제외하고), 대부분은 자신이 원하는 관계 설정에 뛰어들어 일어나는 일들이 더 많다. 어떤 사람은 학업을 위해 관계 속으로 뛰어든다. 좋아하는 취미를 가진 사람들과 만나기 위해서, 또 취직을 하면 또 다른 관계가 만들어진다. 그 관계 속으로 뛰어들면 커뮤니티가 형성되고 새로운 만남과 관계가 시작된다. 때론 타인의 권유가 큰 영향을 미치기도 한다.

나의 경우에도 오랜 직업을 그만두고 영원히 사회생활과는 안녕할 것 같았으나 지금은 더 많은 만남과 관계 속에 지내고 있다. 지금 진행하고 있는 활동들과 학업도 타인의 권유가 큰 영향을 미쳤다. 누구를 만나는지가 나의 관계 형성을 크게 좌우한다는 점이다.

그런데 많은 커뮤니티를 형성한다고 해서 삶의 만족도가 더 올라가는 것은 아니다. 자신의 만족도를 점검하며 타인과의 균형을 맞춰가야 한다. 그렇지 않으면 관계만 많이 만들어지고 반면에 만족도는 결코 올라가지 않는다. 어딘가에 나를 만족시켜 줄 무언가가 있다고 여기지만 그렇지 않다.

나는 과거 금전적 상황과 얽힌 갈등 관계를 많이 만났는데 그 문제는 대부분 욕심을 채우려는 스스로의 이기심과 자기 자신과의 소통 부재에서 오는 경우가 많았다. 그게 무슨 뜻일까? 상대방의 금전 욕심이나 욕망, 약점을 악용하는 고액 금전 사건이 꽤 있다. 처음에는 친밀감을 만들고 어느 정도 신뢰 관계를 위한 좋은 기회 제공을 한다. 여기에서 거절이 어려운 의존성을 갖게 한다. 작은 손해를 감수하지 못하는 일종

2장 내가 먼저 바로 서야 타인도 보인다

의 '욕심'이 더 큰 손해를 불러오게 되는 경우가 허다하게 많았다.

대부분 사건 내용을 보면, 어느 선에서 서로의 거래나 관계를 중단해야 했는지 분명하게 보이는데도 불구하고 위험을 감지할 수 없게 하는 얽히고설킨 의존관계가 형성 된다.

명예와 관련된 대인관계 갈등 문제는 또한 어떤가? 많은 사람들에게 이야기가 전달될 수 있는 장소에서 타인을 향한 부정적인 말이나 글들이 게시되는 경우가 종종 있다.

대부분 처음부터 관계가 나쁘게 시작하는 사람들은 거의 없다. 처음에는 서로 존중하며 잘 지내다가 어느 순간, 상대방을 향한 불편감이 쌓이면서 갈등이 시작되는 경우가 많다. 그렇지 않기 위해서 시간은 좀 걸릴지라도 서로 다름을 인정하고 문제가 더 커지지 않도록 의사소통을 통해 해결하려는 노력이 필요하다.

만약 그렇지 않으면 계속해서 마음속에 불편감이 쌓이게 된다. 어쩌다 자칫 그 불편함을 당사자가 아닌 제3자들 앞에서 쏟아낼 수도 있다. 세상에 비밀이란 없다. 이러한 뒷담화와 험담은 거의 상대방에게 도달한다. 더 이상 말하지 않아도 이제 어떤 분쟁이 벌어질지 예상할 것이다. 이 과정에서 분명한 사과와 화해를 거치지 않으면 복잡한 형사 분쟁에 휘말린다.

이렇듯 수많은 갈등 관계 속에서 우리는 최악의 경우까지 떠올려 볼 수 있어야 한다. 손해를 감수하더라도 가장 선한 최선의 결말이 무엇인지, 자존심으로 버티다가 최악의 단계를 맞이할 것인지는 각자의 몫이다. 의외로 어떤 갈등이 발생했을 때 최악의 경우까지 예상하는 못한 채 감정에 치우쳐 행동하는 사람이 적지 않다. 어디서 관계를 맺고 끊어야 할지 그 지점과 상황에 대한 통찰력을 키운다면 많은 갈등 상황에서 자유로울 수 있다.

매슬로우의 이론에 의하면 사랑과 소속 욕구가 사람의 보편적 욕구라고 한다. 누구나 관계 속에서 편안하게 수용되어지며 안정감을 받고 싶어 한다. 이에 반면 관계를 주체적으로 끌고 나가려면 반드시 거절하는 요령, 즉 맺고 끊음의 관계를 생각해야 한다. 나의 경우도 거절을 잘 못하는 편이다. 또한 상대방에게 무엇인가를 부탁하거나 제안할 때 혹시 거절당하지 않을까 하는 불안감도 높은 편이었다.

이런 이유에 대해 볼비(Volby)의 애착이론에서는 주 양육자를 통해 거절당한 욕구 등 불안정한 내적 이유에 기인하고, 여러 가지 갈등상황에 따라 거절에 대한 민감력이 달라진다고 설명한다. 아마 계속된 거절로 인한 정서적 상처의 경험이 행동적 반응까지 야기한다는 것이다.

사회인지이론(Bandura)에서도 거절에 민감한 사람들에 대한 거절에 대한 기대는 타인의 거절을 유도하여, 궁극적으로 기대와 일치하는 결과인 거절을 경험하게 된다. 이것은 Levy의 거절민감성 유형에서도 확인 가능하다.

거절민감성 유형에 의하면, 나의 경우 거절 민감성이 높은 사람이라고 볼 수 있겠다. 왜냐하면 나는 어떤 중요한 결정 앞에 간혹 우유부단한 태도를 보이거나 할 일을 자주 미루는 경향이 있다. 또한 내가 몰두하고 있는 일을 두고 몰입할 때는, 하루종일 타인에게서 오는 전화나 문자를 거절하려는 경향이 강하다. 이런 경우, 타인과 교류가 뒤처지거나 거의 관심이 없는 편에 속할 수 있다.

과거에 나는 내 신념에 반하는 타인의 의견은 잘 받아들이지 않아 소통에 탄력성이 떨어지기도 했다. 전적으로 단점이라고 보기는 어렵지만, 지금은 원활한 소통을 위해 개선이 필요하다고 느낀다. 신속한 응답이 필요한 경우는 최대한 빨리 답변하려고 노력 중이다.

특히 직장인의 대부분은 업무 성과에 예민한 집단성을 갖고 있다. 혼자 열심히 한다고 인정받는 곳이 아니라 회사와 고객과 동료의 동시다발적인 니즈(needs) 충족이 필요한 곳이다. 곧 누구와도 빠른 답변이 요구된다. 쉴 틈이 없이 그들과 좋은 관계를 유지하면서 상당한 업무 실적까지 남겨야 한다. 오죽하면 『인간관계가 힘들어서 퇴사했습니다, 안나 지음』라는 책이 있을 정도로, 많은 사람들이 사회생활은 일보다 사람 관계가 더 힘들다고 토로한다.

그럼에도 불구하고 모든 관계를 내가 주체적으로 해석하는 능력을 길러야 한다. 강점은 강화하고, 단점은 극복해야 한다. 나의 경우 내 일을 즐기는 사람이다. 내가 재미있고 의미 있는 일을 해결할 마음을 먹으면 그대로 돌진하는 점은 강점이 된다.

그 일을 하는 데 있어서 현재 내가 있는 위치에서 가능한지, 다른 관계를 모색할 지에 대한 끈질긴 공부가 필요하다. 오늘 만나야 할 사람이 너무 많던지, 아예 한 사람도 없어도 우리는 사람들 속으로 뛰어들어야 한다. 우리에게 주어진 확실한 소명을 위해 우선 목록을 작성하고 선택과 집중을 해야 한다.

사람은 어떠한 경우에도 집에만 우두커니 머무를 수 없다. 사람을 만나서 활력을 만들고 도전하라. 어느 정도 스트레스와 긴장감은 나를 민

관계에 대하여

첩하게 만든다. 마리사 킹의 『인생을 바꾸는 관계의 힘』에서 사람은 나이에 따라 관계하는 사람들의 숫자가 다르다. 20대 중반 무렵에는 한 달에 20명 정도 만나며 사교성이 절정기에 이른다. 40세 무렵에는 15명 미만, 65세 무렵에는 10명 정도로 줄지만 대신 가족에게 관심을 쏟는다. 이처럼 인맥 구조가 서서히 변한다는 것이다. 그럼에도 인생 후반부로 갈수록 관계를 더 소중하게 느껴야 한다. 인생 후반부에 줄어드는 체력을 선택과 집중으로 집약해서 관계를 정리해나가는 것도 중요하다.

결국, 우리는 관계를 주체적으로 끌고 나가기 위해 어떤 삶의 태도를 취할 것인 Wiggins(1995)의 대인관계 형용사 척도의 원형에서 아래와 같이 알려준다.

- 지배와 냉담

- 순종과 우호 사이에 오만한 ~ 계산적인

- 차가운 ~ 인정 없는

- 냉담한 ~ 내향적인

- 불확실한 ~ 순종적인

- 사교적인 ~ 외형적인

- 따듯한 ~ 우호적인

- 겸손한 ~ 순진한

위의 척도에서 어떤 것을 선택할 것인지 우리 각자의 몫에 달려 있다.

대인관계 에너지 누수 어떻게 막을까?

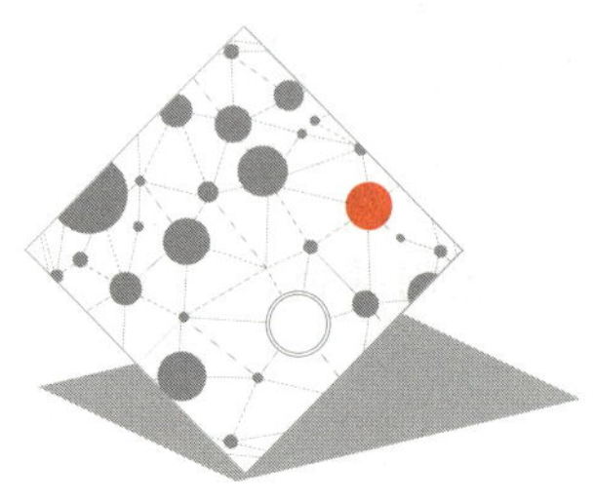

원만하고 활기 넘치는 대인관계를 유지하기 위해서는 에너지가 필요하다. 그 에너지를 어떤 방법으로 공급받고 어떻게 활용하면 좋을까? 만약 일상생활 속에서도 전기에너지라도 공급받지 못하게 된다면 불편한 게 한두 가지가 아니다. 그런데 대인관계에서 에너지 누수를 쉽게 느낀다면 어떻게 될까? 여러 면에서 만남과 관계를 쉽게 맺지 못하는 제약을 받을 수밖에 없다. 그렇다면 이처럼 어떤 사람이 에너지 누수가 많을까?

대인관계가 활발한 나의 지인 중 한 사람은 "나는 사람들과 만나 이야기할 때 에너지가 막 나거든. 집에 있으면 오히려 기운이 빠져." 라고 말한다. 반면에 나의 친척 중 한 분은 "나는 밖에 나가면 많은 스트레스를 받는다네. 집에 있는 게 편하고 좋아"라고 한다.

나의 경우 사람 만나는 것을 좋아하지만 에너지를 받아서 기운이 펄펄 날 정도는 아니다. 그러다보니 지나친 많은 만남은 삼가게 되고 혼자만의 휴식이 필요하다. 그러면 에너지 충전이 되는 기분이 든다. 그러나 단순히 에너지를 얻기 위해 대인관계를 하는 것도 아니며 사회생활을 안 할 수도 없고 원만한 대인관계도 유지해야 하니 어떻게 하면 좋을까?

내향향 리더쉽 4단계 성공전략을 쓴 베스트셀러 작가 제니퍼 칸 와일러는 『콰이어트 리더십』에서 "흔히들 직장에서 성공하려면 열정적이고 활기찬 성향이어야 한다고 믿는다. 하지만 이는 사실이 아니다"라며 세상은 내향형 리더를 원하고 있다고 이야기 한다. 이 둘의 차이는 단지, 에너지를 어디에서 재충전하길 선호하는지에 따른 성향에서 차이가 난다는 것이다.

이렇듯 내향형이든 외향형이든 에너지를 효과적으로 충전하고 그 에너지를 능률적으로 활용하는 데 있다는 의미이다. 무엇보다 충전된 에너지가 금방 누수되지 않도록 스트레스를 관리하는 방법을 아는 것인데, 전문가들은 사람에 따라 대인관계에서 느끼는 스트레스 정도에 차이는 있다고 말한다. 왜 그럴까?

대인관계에서 누수되는 에너지는 개인의 성향과도 관련이 있는 것 아닐까. 과거에 사람들은 종종 나에게 예민한 사람인 것 같다고 말하곤 했다. 처음에 그 말에 마음이 무척 불편했다. 마치 내가 까칠하고 까다롭다는 표현으로 들렸기 때문이다. 거부감과 함께 신경이 자꾸 쓰였다. 타인에게 인정받지 못하고 있다는 부정적인 생각이 머리에서 떠나지 않았다.

그 후 나는 사람들을 만날 때 그런 말을 듣지 않기 위해 온통 신경을 집중하곤 했다. 좀 더 부드럽고 여유 있는 사람으로 보이기 위해 노력했다. 그러다 보니 정작 내가 하고 싶은 말을 못할 때가 많아지게 되었다. 그러는 사이 사람과의 만남에서 큰 에너지가 들었다. 지치고 매끄럽지 못했다. 불편한 사이는 물론이고 필요한 만남도 피하곤 했다. 지금은 과거보다 훨씬 더 나아졌지만, 그렇게 되기까지 오랜 시간이 걸렸다. 시간과 함께 시행착오를 겪으면서 보다 넓은 원활한 대인관계를 위한 통찰이 생긴 후부터 해방감이 찾아왔다.

2024년 어느 봄 나는 힐링을 주제로 한 강의에 참석했다. 강의 중간 활동시간이 시작되었고 옆 사람과 인사를 나눴다. 우리는 서로의 생각과 감정, 각자의 장점들을 자유롭게 주고받았다. 마지막 활동은 상대방을 칭찬하는 활동이었다. 그녀는 나에게 "당신은 목소리가 차분하고 공감을 잘하는 친절한 사람이예요" 라고 활동지에 적어서 건네주었다. 나는 그동안 몰랐지만 '상대방을 향한 내 표현의 온도가 사뭇 달라졌는가' 라고 생각했다. 타인에게 호감의 이미지를 주고 덩달아 나도 좋은 말을 들으니 기분이 좋았다.

최근에 지인분이 외국에 다녀와서 내게 간식 선물을 건넸다. 나는 그분에게 "여행길에 힘드셨을 텐데 뭘 이런 걸 다…" 하면서 감사의 표현을 했다. 그랬더니 지인분이 "선생님, 착해서…맛있게 드세요" 이러시는 거다. 의외의 답변이 돌아와 놀랐다. 살면서 내가 착하다는 말은 거의 들어본 적이 없었기 때문이다.

내가 놀란 것은 실제로 내 자신이 착해서가 아니라 그렇게라도 내가 상대방에게 보여진다는 사실이었다. 그러나 내가 크게 달라졌을 리는 없다. 다만 상대방에게 내 모습이 편안하게 비춰진 걸까? 그리고 지금

관계에 대하여

누군가에게 "예민한 것 같다"라는 말을 듣는다 해도 별로 신경 쓰지 않게 된 점이 예전과 달라졌다. 왜 갑자기? 그렇게 남의 말에 신경을 곤두세우고 자책에 빠져 살던 사람이 이렇게 변하게 되었다고?

그건 정말로 나는 예민한 구석이 있는 사람이기 때문이다. 예민한 사람에게 예민하다고 말해주는 건 잘못된 것이 아니다. 그런 충고를 잘 받아들이지 못하는 자신이 문제가 있는 거지. 그리고 자신에게 주어진 특별한 예민함은 많은 강점이 된다는 일종의 자신감을 발견하면 되는 것이다.

얼마 전 찌는 듯한 여름이었다. 여름옷을 꺼내 거울을 보며 이리저리 몸에 옷을 갖다 대 보았다. '작년에는 입었는데 올해는 살이 쪄서 안 되겠구나. 이런!' '거울 속에 저 여자는 누구지?' '이제 그 누군가의 시선이 다 무슨 소용이란 말인가' 라는 갑갑한 생각들이 이리저리 머리를 스쳤다. 순간 시원하게 목이 드러나는 브이넥 브라우스가 간절히 입고 싶었다. 갑상선 수술 자국을 가리느라 여름용 터틀넥 상의밖에 없었기 때문이다. 거의 그렇게 살아온 거다.

나는 뭔가에 이끌리기라도 한 듯 당장 그 옷들을 모아서 쓰레기통에 쑤셔 넣었다. 그리고 집에서 가까운 옷가게로 향했다. 가게에 들어서자 가장 먼저 목이 깊게 파인 브이넥 브라우스 한 개를 골랐다. 어찌나 시원하던지. 그렇게 못난 대로 자신을 인정하고 숨기지 말기로 했다. 그 후, 내 모습을 있는 그대로 인정하는 마음 작업을 하기 시작했다.

≪내 모습 인정하기≫

- 나는 착하지 않다

- 나는 욕심과 질투가 많다

- 나는 거절을 잘 못하는 사람이다. 나는 팔랑귀다.

- 나는 사람들이 '짭새'라고 비아냥거리며 부르는 경찰이었다.

- 나는 운전을 잘 못한다. 특히 장거리 운전과 밤 운전이 두렵다

- 나는 돼지털처럼 빳빳한 머릿결을 가지고 있다

- 나는 내 목에 굵고 커다란 갑상선 수술 자국이 있다. 그래서 쉽게 지친다.

- 나는 숫기가 부족하고 사교성이 없다.

- 나는 수많은 관계를 능숙하게 잘 다루지 못한다.

- 나는 창의력이 부족하다.

이와 같이 그동안 나는 실제보다 더 나은 사람으로 보이게 하는데 많은 에너지를 낭비했다. 내가 완벽하지 않으면서도 그렇게 보이고 싶어 했다. 그럼에도 여전히 나는 완벽성을 모두 버리지는 못했다. 모든 일에 완벽하지 않으면 성이 안 차는 성향은, 혹시 완벽하지 못했을 때 갖추어야 할 방어기제가 부족해서 일지도 모른다. 미안하다는 말 한마디, 실수 후 자연스러운 몸동작과 표정 짓는 습관들과 실수를 받아들이는 마음의 유연성이 준비되지 않았기 때문이리라.

많은 사람들의 행동, 표정 등을 분석하는 행동심리분석가 이상은 비언어 커뮤니케이터는 그의 책 『백마디 말보다 강력한 행동의 심리학』에서 대인관계에서 그 사람의 언어적 표현뿐만 아니라 비언어적인 몸동작을 통해 호감이나 비호감을 표출한다고 한다. 우리의 뇌는 본 것을

관계에 대하여

실제로 더 믿는 경향이 있으며 특히 들은 정보와 본 정보가 일치하지 않을 때 더욱 그렇다는 것이다. 그래서 비언어적 행동이 사람들과의 소통에 미치는 영향이 지대하다고 강조한다.

이점에 대해 사실 나 역시 그동안 상대방에게 호의를 보이는 몸동작 표현에 서툴렀으며 몸동작에 숨겨진 원활한 대인관계 에너지를 위한 비밀들이 있다는 걸 안지 그리 오래되지 않았다. 상대에게 미소를 지으면서 인사할 때 순간 살짝 눈을 치켜뜨는 행동을 하면 상대방이 나에게 더 많은 호감을 느낀다. 같은 인사를 하는데 사소한 행동으로 상대에게 더 많은 에너지가 전달되고 상대방은 나를 더 오래 호감 있게 기억한다.

그럼에도 불구하고 사람을 만나는 것 자체에 많은 에너지 소모가 된다면 다음과 같은 대비책이 필요하다.

설정 1 만나기 전에	설정 2 낯선 5~6인과의 만남	설정 3 50명 이상과의 만남
·표정 관리 – 부드러운 미소 ·만남 목적에 따라 – 자기소개 적정량 준비하기 ·만남의 시간 정해서 가기 상대방과 미팅시간 조율하기 ·호감 또는 거절 표현 방법 미리 생각해 보기 ·스트레스 유발 감정 표현 조절하기	·표정 관리 – 부드러운 미소 눈 인사 나누기 ·만나는 멤버 성향에 따라 가장 어울리는 나의 소개 스토리 생각해 보기 ·적절한 미팅시간 조율하거나 표현하기	·강의 · 학술 · 포럼행사 등 목적과 일치하는 행동하기 ·친목 모임의 경우, 친목의 의미를 새기며 상대방 배려하기 ·경조사의 경우, 마음의 위로, 기쁨의 나눔을 위한 태도 새기기

대개 처음 만나는 어색한 만남의 자리에서 에너지가 가장 많이 소비된다. 다음은 크고 작은 모임의 선호도에 따라 대인관계에서 피로도(에

너지)가 달라진다. 꾸준한 관계가 유지되는 것을 원한다면 자기에게 가장 적합한 모임 형태를 찾는 것이 좋다.

결국, 중요한 것은 원만하고 활발한 대인관계를 유지하면서 대인관계 에너지 누수를 방지하는 것이다. 무엇보다 자신에게 맞는 대인관계 소통 방식이 무엇인지 알아야 한다. 대인관계에서 쓸데없는 에너지를 빼앗기지는 않는지 점검하자. 그러므로 피할 수 없는 대인관계라면 자유자재로 에너지 효율을 나누어 쓰는 효과적인 방법을 찾아내는 것이다.

나와의 관계, 회복 지수를 채워야 한다

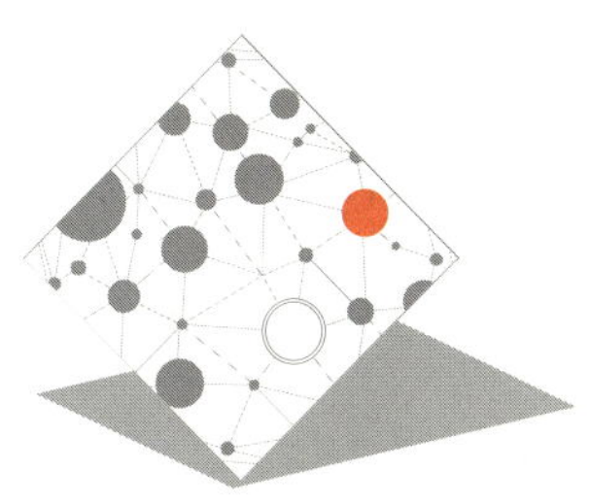

우리는 종종 자신과 같은 처지를 가진 사람을 만나면 쉽게 친해진다. 어린 시절 부모님에게서 비슷한 상처를 경험했다는 이유로, 또는 내가 현재 겪고 있는 가족 문제가 비슷하다는 이유로 "너도? 나도!" 하면서 왠지 모를 유대감을 느낀다. 상대방의 인생 속에서 그동안 힘들었던 내 기억이 생각나면서 공감과 동시에 묘한 위로를 받는다.

사람마다 성장하면서 겪는 독특한 자기만의 상처들이 있다. 그것들로 인해 때로는 자신을 외면하고 중요한 관계를 회피하게 만들기도 한다. 부모의 가난, 무관심과 양육과 보호의 부재, 충분한 응원과 지지의 부족, 타인으로부터 지속적 비난에 노출되는 등 성장기에 충분한 성장 보상이 주어지지 않으면 평생 어떤 정신적 빈곤에 시달리게 될 수도 있다.

그러나 이러한 정신적 빈곤이 오히려 자신과의 관계를 성찰하면서 성공의 동력으로 삼는 계기가 되기도 한다. 이태준 작가의 『엄마 마중』이라는 그림책은 어느 추운 겨울날, 전차 정류장으로 엄마를 마중 나가는 작은 아가 주인공의 이야기를 다루고 있다. 이태준 작가는 여섯 살에 어머니를 여의고 아홉 살에 아버지를 잃었다고 한다. 그림책을 보면 마치 독자가 엄마를 애타게 기다리는 아가의 모습이 된 듯 착각에 빠진다. 독자의 마음속에 엄마라는 존재에 대한 애타는 그리움을 가져다준다. 작가의 애절한 이야기가 곧 나의 이야기가 된다. "나도 엄마가 애타게 그리워! 당신도 그랬군요!" 라고. 이렇듯 타인의 모습에서 자신을 발견하면서 위로를 얻는다.

나에게는 7살 무렵 지금도 잊히지 않는 기억 하나가 있다. 어느 어두운 새벽, 갓 태어난 젖먹이 동생의 자지러지는 울음소리에 잠을 깼다. 동생은 배가 고파서인지 무슨 이유에서인지 심하게 울었다. 나는 동생을 업고 달랬지만 동생은 울음을 그치지 않았다. 그때 집에 어른은 아무도 없었다. 막막함에 엄마를 부르며 연신 울었다. 그 시간만큼은 버려진 것 같았고 외로웠다. 아무 이유도 모른 채 부모의 부재를 버텨야 했다. 그날 엄마는 얼마 만에 돌아오셨는지 어떤 위로를 받은 기억도 없다. 부모님은 언제나 바쁘셨다.

아마도 내가 오랫동안 외로움에 강박적 증세를 보였던 것은 어쩌면 성장하는 과정에서 만들어진 어떤 결과물일 거라고 조심스럽게 예상해 본다. 내게 외로움은 마치 마음속에 늘 부슬비가 내리는 것처럼 축축하고 차가웠다. 살면서 종종 미칠듯한 외로움에 사로잡힐 때가 있었는데 이번 생에서 도저히 채울 수 없을 것만 같은 고통처럼 느껴졌다. 나는 어떻게든 그것을 극복하며 살아야 했다.

때론 억지스럽지만 외로움을 달래기 위해 대인관계를 더 가지려고

관계에 대하여

노력했다. 그러나 그것만으로 충분하지 못했다. 치료의 첫 시작은 고통의 원인이 무엇인지 알아야 하듯이 무엇보다 나 자신과의 관계를 회복하는 일이다. 그러기 위해서 나 자신에게 무슨 일이 있는지 먼저 짚어야 한다. 나 자신을 안다고 여겨도 생각보다 모르고 있는 경우가 많다.

누군가 갑자기 '지금 기분이 어떠신가요?' 라고 물어본다면 머릿속에 수많은 생각이 스칠 것이 분명하다. 그중에서 가장 또렷한 생각 하나를 꺼내는 게 쉬운 일은 아니듯이, 스스로 나와의 관계가 어떤지 안다는 것도 이와 비슷하다. 평소 잘 알고 익숙한 것이라고 여겼던 것들이 착각이었을 때가 많다.

전문가들에 의하면 일반적으로 사람은 그의 어린 시절을 현실보다 약간 더 뛰어난 사람으로 기억한다고 한다. 그래야 유능감을 느끼며 많은 어려운 도전을 이겨낼 힘을 얻을 테니까 말이다. 나도 이런 비슷한 기억 편향적 경험이 있다.

어느 날 내가 외로움이라는 강박증에서 드디어 풀려났을 때, 문득 오랫동안 내 어린 시절을 생각보다 꽤 유능한 아이로 기억하면서도 불편한 관계에 대해서는 부정적으로 몰입했다는 사실을 깨달았다. 혼난 일, 외톨이였던 기억, 부모에게 거절당한 기억 등등… 그런데 회복되고 난 후 조금씩 좋은 추억도 떠올랐다.

나는 외로운 감정을 반사적으로 어떤 유능함으로 대신 채워 좋은 기억을 유지하려고 했던 것 같다. 초등학교 고학년쯤부터 나만의 과업들에 몰두하기 시작했다. 방학 숙제 최우수상, 장관상, 학업 우수상들을 성취했는데 또래와의 유대관계는 대체로 단발적이거나 부정적 정서가 내포되어 있었다. 그러한 성취가 중학생까지 이어지다가 고등학교에

2장 내가 먼저 바로 서야 타인도 보인다

올라가자 일시에 성취 욕구가 사라졌다.

그 이유는 또다시 더 큰 외로움이 나를 지배했기 때문인데 그 원인이 무엇인지 공저인 『독서이펙트』에도 밝힌 바 있다. 가족과 멀어지고 달라진 새로운 환경에서 학업 부진과 부모님의 질책, 외로움과 또래 관계 부족 등을 해소하지 못하고 나 자신을 꾸짖고 자책하면서 나와 멀어지는 관계가 되었다.

그렇지만 이러한 크고 작은 상처들은 자책과 동시에 나를 회복과 성장에 대한 열망으로도 이끌어주었다. 자기 계발이 필요했고 꾸준한 독서와 일기 쓰기나 메모, 글쓰기에 심취하게 했다. 관계면에서는 대체적으로 외부적으로 무난하게 보였지만 내적으로는 많은 한계를 느꼈다. 우선 나와의 관계가 엉망이었던 것이다. 다행히도 노력을 놓지 않고 늦게 시작한 신앙생활이 더해지면서 조금씩 호전되었다. 도움이 된 이유는 감사와 믿음을 알아간다는 것이 자신감, 바로 그것은 자신을 믿는 마음을 알게 하는 동력이 되었기 때문이다. 그동안 내게 가득한 불신감과 자책감을 치유할 기회를 얻었다.

대부분 사람들이 자신이 가진 문제를 회복해가는 과정을 반복하면서도 친밀한 자신과의 관계는 놓친다. 나는 오랫동안 고속도로 운전 불안증과 터널 운전 공포증을 앓았는데 그것을 사람들에게 떳떳하게 말할 수 없었다. 그것은 일종의 자책감 같은 것이었는데, '너는 그것도 못하니?' 라는 목소리가 나를 옥죄고 있었다. '글쎄 못할 수도 있어. 안 되는 사람도 있는 거야'라는 '뻔뻔한 자신감'이라는 명분이 내겐 없었다. 당당히 문제에 맞설 자신과의 회복력이 없었다. 비로소 자신을 충분히 칭찬하고 격려하면서 자신을 믿는 힘을 키울 때 도움을 받을 수 있다.

관계에 대하여

나와의 관계가 회복되려면 내면의 감정을 충분히 찾아내 다양한 상황에서 공감과 지지를 스스로 채울 수 있을 때 덩달아 안정감이 찾아온다. 외로움, 불안, 누군가로부터 느껴지는 비난감 같은 것들 대신 확실히 다른 안정적인 것들로 채워야 한다.

이것을 위한 간단한 방법으로 자신과의 감정에 솔직하게 표현하면서 변화를 만들어낼 수 있다. 혼잣말, 글로 써보고 읽어보기, 자신에게 혹은 누군가에게 편지쓰기도 좋다. 무엇보다 자신이 자신을 먼저 리드해봄으로써 여러 가지 효과가 있다.

상대방의 비난감에 쉽게 상처받는 사람은 명료하게 해명하는 습관을 갖는 것이 필요하다. 어떠한 말에도 흔들림 없는 신념이 생겼다면 비로소 치유된 것이다.

무엇보다 나와의 친밀한 관계는 회복의 필수 요소이기에 자신에게 가장 알맞은 관계 휴식 방법이 필요하다. 그러면 정말 미세하고 사소한 감사함이 뚜벅뚜벅 걸어올 것이다. "음식을 씹을 때 맛있게 느껴졌었네!" "두 발로 걸을 수 있었군!", "코로 호흡이 가능하네?", "병원 신세를 지지 않는 것만도 어디야!" "내가 누군가를 도울 힘이 아직 있잖아", "괜찮아, 난 잘 하고 있었네" 같은 것들이다.

우리의 삶은 다양하고 각자의 독특한 사고를 통해 여러 경험에 반응하며 산다. 그렇기 때문에 살면서 상처 좀 입었다고 그걸 다 고통으로 품고 내색하면서 살지는 않는다. 그렇지만 대부분의 사람은 내면의 상처 하나쯤은 갖고 있다. 어떤 식으로든 갖게 된 강박적 사고와 화해하지 못한다면 나와의 관계는 물론, 타인과의 대인관계에서도 문제가 생기게 된다.

외로움, 질투, 명예욕, 물질 욕구와 뒤섞인 마음속 깊은 상실을 통해 삶에 역동적으로 반응하면서 극복을 통한 성공 사례는 수도 없이 많다. 인생에서 가장 힘든 순간이 때로는 내 구원자 역할을 한다. 외로움은 글을 쓰게 하고, 함께 살아갈 동반자와 가족을 만나게도 한다. 가난은 부지런하게 하고 돈을 벌게 한다. 역경을 통해 인내를 배우며 타인을 긍휼하게 여기는 마음을 주기도 한다. 부족한 학벌은 엄청난 독서광과 열정가로 만들면서 삶을 성공으로 이끈다. 이렇게 나와의 관계, 회복 지수를 채우면서 성장의 힘을 키워나갈 수 있다.

관계에 대하여

내 안에 어른아이부터 사랑하라

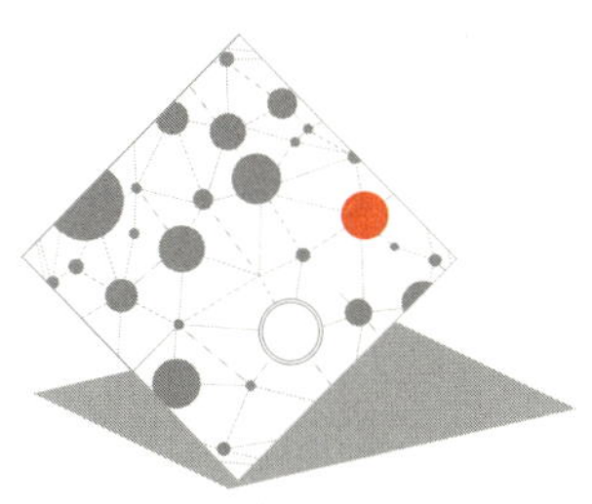

대학 시절, 대화 도중 어느 선배한테 핀잔을 받은 기억이 있다. 그녀는 내가 세상 물정을 모르고 너무 순진하다고 말했다. 느닷없는 선배의 반응에 기분이 별로였다. 그런데 지금 생각해보면 그 선배의 말이 틀리지 않았다. 그때 나는 세상 돌아가는 일에 어두운 편이었다.

사회로 나오기 전에 대학 캠퍼스에서 할 수 있는 크고 작은 도전들을 그냥 흘려보냈다. 사람들 사이에 일어나는 연애사나 사적인 모임에서 벌어지는 미묘한 갈등을 잘 포착하지 못했다. 진지한 동료나 선배의 이야기를 들으면서 어딘가 공감 못 할 막연한 거리감도 느껴졌었다. 일명 '빠꼼한 친구'는 되지 못했다.

그렇게 나는 내면이 단단한 성인도 아니요, 아이도 아닌 어정쩡한 상태로 대학을 졸업한 후 사회생활을 시작하고 이어 결혼도 했다. 사는 내내 세상과 단절된 듯 뭔가 답답하고 막힌 듯한 먹먹한 느낌으로 지내다가 언젠가 성인도 어른아이가 있다는 심리 이야기를 접하게 되었다.

그런데 내면에 어른아이가 있다는 것, 그것을 눈치채지 못하고 산다는 것은 결국 어떤 삶을 가져오는 것일까? 아이처럼 여전히 순진한 구석이 있다는 뜻일까? 아니면 어른스럽지 못한 방향으로 삶이 틀어진다는 의미일까?

한국인지행동치료학회 메타연구소장이자 정신건강의학과 전문의 최영희 박사는 〈건강한 어른 스키마 모드와 자기〉라는 주제로 '건강한 어른의 열일곱 가지 특성'을 발표했다. 문제가 있으면 스스로 최선을 다해 해결하라, 자신을 스스로 돌보아라, 자신이 바꿀 수 없는 것(환경, 주변 사람 등)에 대해 불평하지 마라 등. 이렇듯 자신 안에 아직 성숙하지 못한 내면의 어린 부분이 문제화되는 것이기에 건강한 어른이라는 타이틀이 붙었을 것이다.

누구나 그렇듯 각자에 처한 상황에서 스스로 고민하면서 견뎌내야 건강한 어른의 특성을 체득할 수 있다. 살아가면서 나와 너, 우리와 관련된 관계 심리를 알아간다는 것은 어쩌면 어렵다. 특히 내 안에 나를 바라보는 것은 수많은 시행착오를 겪은 후에 비로소 알게 될 때가 많다.

나와 상대방은 다르니까 이해해야 하고 참는 것에서부터 성숙은 시작된다. 살아가면서 맺는 수많은 만남과 인연은 어쩌면 서로 팔짱을 끼고 걸어가는 것과 같다. 한 사람이 다리를 절면 둘 다 불편함을 느끼듯, 각자가 서로의 불편함을 감당하는 힘을 기르는 것이 서로를 사랑하는 방법이다.

그런데 내면의 아이가 성숙하지 못하면 상대방의 불편함을 감당하는 것은 고사하고 내 미숙함 때문에 상대방에게 짐을 지우게 된다. 자

관계에 대하여

칫 상대방에게 지나치게 기대하고는 오히려 만족스럽지 못하다며 비난하고 불평한다. 투정 부리던 아이 모습 그대로 성인이 되어서도 변하지 않는다. 무슨 이유로 내면이 성장하지 못한 걸까?

이러한 것들은 어떤 해소되지 않은 층층의 사건들과 부정적인 감정의 결합으로 잘못 고착된다고 본다. 살면서 뭔가 같은 형태의 반복적으로 꼬인 상황이 만들어진다면 그것을 기회 삼아 내면을 응시하고 반응해 주며 해소해 주는 시간이 필요하다. 물론 처음부터 자신의 내면을 이해하고 해당 상황이 용인되는 것은 아니다. 그렇지만 깨달아 가는 과정 가운데 때로는 고통도 수반하지만 내면 안에 아직 성숙하지 못한 어른아이를 사랑으로 회복시키는 것은 일생 중 삶의 중요 목표 중 하나이다.

불편한 심리 펙트 체크	과거 기억을 되찾아 말 걸기와 위로	말 걸기와 위로
* 지각하는 상대방에게 유난히 화가 많이 난다	부모님은 나에게 사주 화틀 냈어(참을성 없는 부모 태도 자주 경험)	자녀를 믿는 참을성 많은 과묵한 부모가 필요했구나
* 계획에서 벗어난 돌발행동이 참기어렵다	지나친 규칙 준수 강요와 잦은 비난에 노출되었어	특히 가족이 모이는 명절에는 어디론가 사라지고 싶었을 것 같아
* 남편은 대화 보다 컴퓨터나 TV를 더 좋아해, 답답하다	부모님은 나에게 친절한 대화를 하지 않았어	억울한 일들이 많았을 텐데 그때마다 누군가와 대화를 못했겠구나. 많이 외로웠겠네
* 누군가 나를 비난한다면 더 삐뚤어진 행동으로 갚아주고싶어	동생이 태어나자 사람들은 나를 욕심꾸러기 취급했어	사랑을 빼앗긴 겨우 네 살짜리 아이였는데 그걸 아무도 몰라줬구나

2장 내가 먼저 바로 서야 타인도 보인다

자신의 내면 안에서 어려운 고비들을 잘 극복하면 타인과 마찰이 생겼을지라도 이를 지혜롭게 해결할 수 있다. 때로는 서로 간에 화해를 이끌 수 있게 된다. 때로는 타인의 행동 속에서 자연스럽게 그 사람이 말하지 않은 고민과 사연까지 마음 안으로 느낄 수 있다.

그리고 타인의 어른 아이에서 비롯한 돌발적인 감정의 화살을 자연스럽게 피해갈 수 있다. 우리가 철없는 아이의 투정을 보면 '그래 아이지 뭐' 하며 넓은 관용을 베풀 수 있는 것처럼 말이다. 그리고 내가 겪었던 그 감정, 현재 타인도 겪고 있는 그 어려움을 어떻게 하면 최대한 안전하게 그 사람에게서 피할 수 있는지 감각적으로 느낌이 오기도 한다.

대부분 개인마다 살아가면서 어려운 내적 외적 환경을 마주하며 마음의 성장기가 찾아온다. 만약 부모의 부재를 오래 겪었다면 가족들과 어울려 사는 친구들이 부럽다. 사는 내내 쭉 부모의 보살핌이 있는 사람한테 열등의식을 느낀다. 자신의 상황에 대한 불만족, 그리움, 애증 같은 심리적 분리가 되지 못하고 겉만 성장한다.

다른 조건으로도 얼마든지 부정적인 감정은 누적된다. 그렇기에 그 누군가에게는 그 갈증이 스스로 중단할 수 없는 원초적인 문제로 자리 잡기도 한다. 그렇지만 나도 너도 우리도 모두 어른아이를 안고 산다. 그렇기 때문에 충분히 내면과 만나 대화하고 성장하도록 자신을 도와야 한다. 다행히도 우리는 끊임없이 그 기회를 부여받고 있다. 가까운 가족을 통해, 지인과 친구를 통해, 그리고 결혼을 통해 동반 성장의 기회가 있다. 때로는 부지불식간에 타인에게 자신의 결핍 요소를 보여주면서, 간혹 타인의 결핍을 엿보면서 기대하고 때론 실망한다. 상대방도 나도 서로에게 다 채워줄 수 없다. 자기가 스스로 내면아이를 바라보며 성장하는 방법에 답이 있다.

상대방의 역할은 그 내면아이가 자신감을 갖고 직면하도록 돕는 것뿐이다. 우리는 자칫 착각한다. 내가 상대방의 부족한 부분을 채울 수 있다고 말이다. 반대로 상대방이 나의 불만을 채워주지 않는다고 자주 화를 내는 구간이 있다면 성찰해보아야 한다. 자기 내면아이가 성장하고 싶은데 이것이 욕구 불만이 되어 상대방에게 표출되는지 구별이 필요하다. 이러한 사건과 자기 감정적 고착이 충격적인 그 시점에서 더 이상 자신을 성장하지 못하게 붙잡고 있다면 억울한 일이다.

대인관계에서 필요한 유연한 태도가 되지 않는 불편한 감정을 핀셋으로 채취하듯 꺼내어보고 어디에 원인이 있는지 찾아보고 내면에 말을 걸어주자. 억울한 일은 눈물을 흘려보내고 불편한 감정은 상대방에게 표현하듯 말을 걸어보자.

이처럼 진정한 어른이 된다는 건 한마디로 어렵다. 여러 시행착오와 각성이 필요하다. 어린 시절 누려야 할 어린이다움을 놓쳐버렸다면, 어른이 된 나라도 보듬어 주고 안아주고 위로해 주고 품어주어야 하지 않겠는가. 울며 화가 난 어른아이의 모습은 결코 타인이 위로할 수 없는 영역일지도 모른다. 그 어른아이를 상대방이 인정해주지 않는다고 먼저 화를 내거나 불안해할 일이 아니다. 아직 자라지 않는 어른아이는 나만 제대로 온전히 바라볼 수가 있다. 내가 바라봐주고 반응해줄 때 비로소 남도 나를 보아줄 수 있다. 결국 그런 과정을 겪은 후에, 어느새 나도 모르게 타인의 어른아이를 알아 봐주고 품어주는 관계 치유사가 되어 있을지도 모를 일이다.

06

힘든 내면이 보내는 위험 신호를 감지해야 관계가 보인다

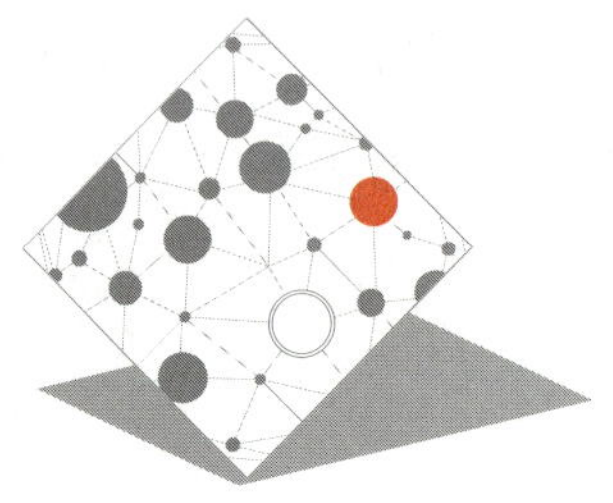

세익스피어의 소설 속에 나오는 주인공 햄릿은 '사느냐 죽느냐, 그것이 문제로다.(To be or not to be, that is the question).'라고 말한다. 그는 아버지를 죽이고 왕이 된 숙부를 두고 우물쭈물 결정을 내리지 못하다가 결국 기회를 놓친다. 간혹 우리에게 '이러다가 얼마 못 살 것 같아. 너무 힘들어'라는 내면의 목소리가 자신을 찾아온다면? 그것도 한번이 아니라 여러 번. 그런데 그 목소리에 반응하지 않는다면 어떻게 될까?

우리는 간혹 자신감에 흠뻑 취해 살 때가 있다. 쉼 없이 자신의 스펙을 위해 종주하며 모든 것들이 뜻대로 되는 그 시간 동안 자신 내면에서는 무슨 일이 일어나는지 전혀 눈치채지 못할 때가 있다. 그리고 일터에서 가정에서 주변인들에게 인정받는 사람이 되기 위해 시간과 노력을 쏟아붓는다. 그렇게 우리는 모든 면에서 완벽하게 느껴지는 삶, 복잡하면서도 단순한 관계를 잘 맺으며 사는 생활 속에 대부분 만족을 느낀다.

그런데 이런 만족이 계속되면 좋겠지만 그렇지 못할 때가 찾아온다. 겉으로 완벽한 삶과 원만한 관계를 맺는 것 같은데 어쩐지 내면에서는 '계속 가도 된다' 라는 푸른색 신호를 보내주지 않을 때다. 도대체 그 이유가 무얼까? 불면증, 우울증, 만성 변비, 공황 장애, 무기력증, 대인기피증, 자신감 결여, 용기 부족… 이러한 증상의 원인을 모른 채 한없이 삶의 질이 낮아지고 있는 자신을 발견할 때 우리는 어떻게 해야 할까?

영성과 자기 계발 분야의 세계적인 베스트셀러 작가 루이스 L. 헤이의 『있는 그대로의 나를 사랑하라 치유』에서 자신이 인식하는 것이 변화와 치유의 첫걸음이며, 우리 안에 깊게 뿌리박힌 방식이 있다면 그 상태에서 벗어나기 위해서 그것을 자각해야 한다고 말한다. 그러면서 그는 어떠한 신체적 문제에 대해 생각할 수 있는 원인과 새로운 사고 패턴을 통해 그 문제를 해결하는 방법을 제시한다. 예를 들어 어떤 사람이 가슴앓이를 앓고 있다면 그는 두려움을 붙잡고 있는 것이기 때문에 자유롭고 충분히 숨을 쉴 수 있고 안전하며 삶의 과정을 신뢰하라는 새로운 사고 패턴을 제시한다. 그의 저서를 통해 새로운 사고를 익히는 데 나도 상당한 도움을 받았다.

살아온 시간 속에서 만났던 사람들과 관계를 되돌아보면서 아쉬운 점보다 행복과 만족감으로 기억하는 사람이 몇이나 될까? 얽히고설킨 관계 속에서 후회스럽고 스트레스 받던 기억이 종종 우리를 지배할 때가 있다. 그렇게 스트레스가 우리를 붙잡고 더 앞으로 나아가지 못하게 가둔다. 자신의 내면이 인식하는 감정조차 깨닫지 못하고 진짜 내 마음을 모르는 고립 상태에 빠지게 된다.

2장 내가 먼저 바로 서야 타인도 보인다

언젠가 문득 나는 '아! 내 인생은 정말로 삼류였고 엉망진창이었구나!'라고 생각이 들었다. 그런데 어쩐지 그 순간 내 삶이 훨씬 더 정확하고 진지하게 다가오는 것 같았다. 그러자 '그렇지! 그래 별로였어. 사는 게 쉽지 않았어. 많이 힘들었어!' 라는 목소리가 어디선가 들려왔다. 나를 토닥이는 것 같은 한 토막의 여유가 어디선가 훅 들어왔다. 그리고 동시에 '그런 엉망인 나를 정말 인정하기 싫다!'는 불편함도 느껴졌다. 그런데 어떻게, 왜 이런 각성이 내게 찾아오게 되었을까?

🍀 혹시 그동안 내 탓이 아닌 남 탓만 하면서 정작 나 자신을 돌아보고 자성해야 할 내면의 위험 신호를 무시한 것은 아니었을까?

🍀 모든 면에서 완벽해 보이려고 애썼던 행동들이 오히려 나를 더 힘들게 했던 것은 아니었을까?

🍀 사실 나 자신의 한계를 솔직히 인정하지 않은 채 오랫동안 완벽함을 스스로 과도하게 요구한 것은 아니었을까?

솔직히 그동안 살면서 사람과의 관계 그리고 느끼는 만족도는 속이 울렁거릴 만큼 별로였다. 어떤 막막함과 고립감들이 자주 교차했었다. 환경의 영향을 상당히 많이 받는 타고난 기질 탓과 뭔가 성취하려는 욕구와 좌절의 경험 속에서 부정적인 감정에 쏠림을 그대로 방치한 것이 그 이유인 듯도 하다.

언제부턴가 스스로 쌓아 올린 어두운 감정의 고리들이 결혼 후에도, 직장 생활 속에서도 층층이 더 쌓여갔다. 그것 중에는 자책, 부끄러움 같은 일종의 죄책감도 포함되어 있었다. 무엇을 하든 어디를 가든 누구와 함께여도 그런 기분은 늘 따라다녔다. 그 기분은 결혼과 양육하는 사이에도 자녀에게 미안함으로 발동했고, 바쁜 일터에서 늘 육아에 쫓겨야 하는 내게 눈치로 작동했다. 나는 언젠가 확실히 일, 아니면 가정 둘 중 하나만 선택해야 할 처지에 분명히 놓였지만 햄릿처럼 머뭇거리다 타이밍을 놓쳤다. 그것만이 아니라 여러 가지 면에서 걱정과 불안이 겹쳐 왔다.

그러던 어느 날 나에게 이상 증세가 찾아왔다. 그 당시 나는 힘든 마음에 괜한 연민과 원망이 가득해졌다. 그 후 몇 년 안가 원인 모를 고열 증세, 십 년 뒤엔 완전한 '번 아웃'이 찾아왔다. 그러자 나의 관계는 비로소 새로운 전환기를 맞았다. 3년이라는 회복기 동안 내게 수없이 보냈던 위험 신호를 드디어 바라보는 계기가 되었다.

나는 그동안 내면의 힘든 신호를 제대로 관리하지 못했다는 사실을 깨달았다. 마치 사랑에 목이 말라 쩍쩍 갈라져 고통스러울 때, 우리는 가장 먼저 무엇을 하면 좋을까? 자신을 있는 그대로 인정하는 것이다. 그동안 사랑과 격려 받지 못한 모습을 조용히 바라보고 토닥여주는 일. '그랬구나. 너를 사랑해줄 사람이 없어서 지금 많이 힘들구나. 사랑받지 못해도 괜찮아. 그것 때문에 자책하지마' 라고.

우린 자신 속에 있는 따뜻한 마음으로 불안 신호를 감지하고 어딘가 깊이 숨어버린 그 따스한 자신의 마음을 꺼내야 한다. 타인이 나의 힘듦을 채워주지 않는다고 불평하는 순간, 관계는 깨지기 시작한다.

이러한 내면 신호를 이해하고 받아들이는 것도 많은 용기가 필요하다. 불안한 신호를 끄기 위해 어떤 관계를 그만해야 할 때가 있다면. 그동안 쌓아온 노력과 이미지가 한순간에 사라지더라도 극복해야 한다.

2장 내가 먼저 바로 서야 타인도 보인다

만약 내가 주변에 기대 이하로 비쳐도 태연스럽게 받아들이자. 무엇보다 새로운 전환점을 맞아 치유의 길로 들어섰으며 더 나아진 것이라는 생각은 결국 모든 것을 회복의 길로 이끈다.

만약 자신의 삶이 온통 부진함으로 채워졌더라도 내면을 인정하고 보듬는 치유 과정이 끝나면 관계는 더 활기차질 것이다. 힘든 내면에서 오는 신호를 이해하고 나 자신을 인정하는 법을 깨닫게 될 때, 사람과의 만남과 관계에 얽힌 복잡한 균형감각을 이해하게 된다. 또다른 관계의 문제 앞에서 또 다른 힘든 내면이 신호를 보내더라도 더 과감히 생각할 수 있게 될 것이다.

살아오면서 내면에 쌓여왔던 생각 회로와 연결된 모든 피드백을 새롭게 점검하면서 정말 죽고 싶도록 불안할 때 아주 작고 사소한 변화를 만들어 숨통을 트이게 하자. 긴장이 너무 커서 곧 폭발 직전인가를 스스로 자각할 수 있도록 훈련하자. 진정한 내면의 휴식은 때론 완벽함을 허물고 관계를 초기화하고 떠날 때 새롭게 열린다. 그럼에도 불구하고 내 주변은 여전히 불안하고 아직은 회복되지 않은 것처럼 느낄 것이다. 그러나 가장 중요한 것은 내면이 보내는 힘든 신호에 반응과 대화를 해주는 것이다.

❀ 내 감정에 말 걸기, 그 감정에 지지해 주기 등 감정과 대화하라

❀ 자기 장점 발견하기, 자기 긍정하기 등 배움을 지속하라

❀ 내가 정말로 벌써 다른 사람이 된 것처럼 행동하라

❀ 내가 하는 모든 표현은 나만의 독특한 유일한 창조물임에 감사하라

관계에 대하여

07

낮은 자존감이 관계의 가장 큰 독이다

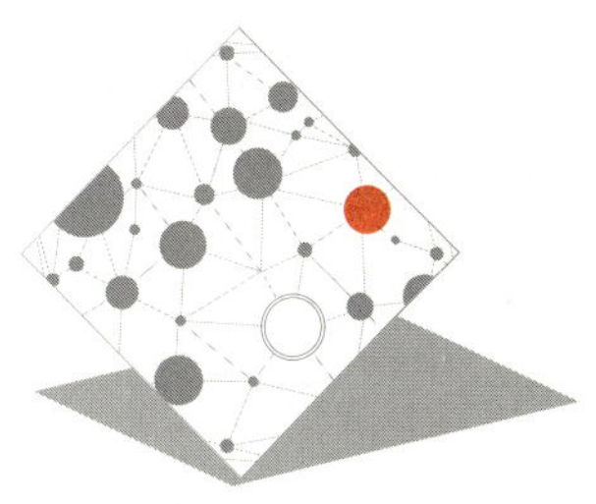

여러 사람을 만나다 보면 자신의 의견을 거침없이 표현하는 사람을 본다. 그런 사람은 타인의 시선에 흔들리지 않고 어떤 확신과 자신감이 차 있다. 타인의 시선을 의식해서 자신의 결점을 감추려고 하는 것과는 다른 어떤 내면의 힘이 느껴지기도 한다. 나도 모르게 그런 사람과 가까이 있고 싶다.

"그 사람은 자존심이 센 사람이라 결코 그렇게 행동하지 않을 걸"이라는 말 속에는 과연 어떤 진심이 담겨 있을까? 자존감이 높은 사람일지 고집만 자주 부리는 사람일지 말의 맥락에 따라 조금 다를 것이다. 적어도 후자를 두고 호감형이라고 부르기는 어렵다. 그런데 누구든 호감형을 더 선호하지 않겠는가? 많은 관계를 맺으며 비즈니스나 만남을 지속해야 할 경우가 있다. 그럴 때 서로 간에 호감이 형성된다면 복잡한 일도 손쉽게 풀린다.

이렇듯 누구와 함께 할 것인지, 나는 어떤 누군가로부터 어떤 사람으로 비추어질지를 생각하고 행동한다면 훨씬 수월한 관계를 맺을 수 있다. 누구든지 상대방으로부터 신뢰와 호감을 받고 싶어 할 테니까. 더 나아가 상대에게 더 좋은 영향을 끼치도록 노력한다면 더할 나위 없을 것이다.

그런데 생각보다 우리 안에 부정적인 여러 요소들로 인해 원활한 관계를 방해받는 경우가 많다. 바로 관계 안에서 '자존감'에 대한 이야기이다. 나 역시도 그동안 경험한 수많은 관계 속에 '좀 더 잘할 걸' 하는 후회와 '어쩔 수 없었어'라는 자포자기했던 순간들이 있다. 그동안 수없이 바뀌고 변화되었던 수많은 만남 속에서 무엇이 문제였는가를 고민할 수밖에 없었다. '왜 나는 사람들로부터 관심의 대상이 아닌가? 왜 나는 사랑받지 못하는가?' 라는 내면의 바램들이 좌절의식으로 쌓여간다. 왜 우리는 만남과 관계가 불편함의 역동이어야 하는지 생각하지 않을 수 없다.

혹시 '왜 남이 나를 좋아해 주지 않는가?'에서 '왜 나는 그들에게 사랑과 관심을 구걸하려 들까?' 그리고 '나에게 상대방이 나를 좋아할 만한 구석이 있는 거야?'로 시선을 옮긴다면 어떨까?

자존감이란 '자기 자신을 소중히 대하며 품위를 지키려는 감정'이다. '나' 자신에게 먼저 시선을 집중하고 소중히 대한다는 의미이다. 그런데 우리는 자신 위주로 생각하면서도 실제로 자신을 존중하고 있는지 오묘하게 헷갈리는 부분이 있다.

「나는 어떤 사람을 진심으로 사랑하고 있어. 모든 면에서 그 사람과 잘 지냈

관계에 대하여

으면 좋겠어. 그래서 나는 모든 에너지를 그 사람에게 다 투자했어. 그런데
시간이 지나보니 이제 그 사람의 반응이 내 생각과 달라서 너무 실망이 돼.
그 사람과 심하게 다퉜어. 왜 나에게 관심과 사랑을 주지 않느냐고. 나는 끝
내 그 사람과 헤어졌어」

우리는 흔히 "자기 자신을 사랑하지 않는 사람이 어디 있어?"라고 생
각한다. 사는 동안 수많은 관계 속에서 자신을 방어한다고 하지만 정작
자신을 곤란하게 만드는 결정을 무의식중에 내리지 않는지 생각해보아
야 한다.

🍀 실수했을 때 '괜찮아. 너는 최선을 다했어. 다음에 더 잘하자' 라고 자신
   을 다독여주는가? 아니면 밤새 자책하면서 괴로워하면서 똑같은 실수를
   다시 반복하는가?

🍀 하루에 자신의 감정에 대해 몇 번 공감해 주는가? 혹시 마음이 불편할 때
   자신을 탓하면서 부끄러운 마음에 빠져 있지는 않은가?

🍀 상대방이 나를 불편하게 하는 부탁을 할 때, 불편한 이유와 분명한 거절
   의사를 정중하게 표현했는가? 아니면 불편한 감정 표현이 어려워서 차마
   거절을 못했는가?

🍀 내가 잘하는 것을 자신 있게 말로 표현하며 남들에게 자랑할 수 있는가?

🍀 내가 못하는 것을 진솔하게 상대방에게 털어놓고 도움을 요청할 수 있는
   가?

내가 나를 먼저 사랑할 때 남도 나를 사랑해준다. 자신을 존중하는

2장 내가 먼저 바로 서야 타인도 보인다

마음이 부족하면, 남을 내 관계 안으로 끌어들여 나 대신 남에게 나를 존중하도록 강요 아닌 강요행위가 될 수 있어서 자존감은 관계에도 영향을 미친다. 특히 가족관계나 친구, 사랑하는 관계에서 그런 일들이 자주 일어난다.

「돌이켜 생각해보니, 내가 너무 그 사람에게 사랑을 구걸하고 있었던 거 같아. 그 사람이 나에게 연락해온 횟수보다 내가 연락한 횟수가 더 많았어. 물론 내가 먼저 연락을 할 수는 있는 거야. 그런데 문제는 상대방의 반응이지. 나는 늘 그 사람과 만나는 과정에서 불안했어. 나는 그 사람을 만나면서 불편한 감정이 종종 있었거든. 그 사람이 내게 그다지 호감이 없었던 거야, 그런데 나는 그 사람이 나를 떠나면 어떡하지? 라는 생각 때문에 그와의 만남 속에서 내가 겪은 내면의 불편감은 반응을 해주지 않았던 거야. 결국 나는 내 에너지를 다 쏟기 전에 그 불편한 감정을 잘 알아채고 상대방에게도 솔직하게 얘기했어야 했어」

누구나 자존감에 대한 문제는 있을 수 있다. 어떠한 계기로 자신을 향한 존중과 믿음이 깨진 후에 회복력을 키우지 못해서 일수도 있다. 그런데 자신 안에 존귀함이 없이 부정적인 정서에만 반응하는 사람은 어디를 가도 진정으로 자신의 가치를 발휘하기 어렵다.

그 존귀함이란 바로 자신의 감정에 충실하고 긍정으로 가득 찬 상태 또는 자신을 소중히 느끼는 감정이다. 만약 당신 안에 자신을 아끼고 누구에게도 당당한 내면을 가졌다면 비로소 상대방도 그것을 존중해준다. 내가 사랑하고 아낀다는데 누가 뭐라고 할 텐가! 그것은 일종의 자

관계에 대하여

만과는 다른 것이다. 자신 내면에서 우러나오는 당당함과 같은 그런 것이다.

반면, 자신을 끊임없이 질책하고 부끄러움과 자책으로 가득 찬 내면을 가진 사람을 누가 가까이하고 싶겠는가? 자존감이 약한 사람의 반응은 다양하다. 뚜렷한 개성이나 자신감이 없어서 거의 자기주장이 없고 타인의 반응에 의존하는 경우이다.

때론 이와 반대로 주변의 반응에 지나치게 예민하게 반응하기도 한다. 이런 사람은 늘 어디에나 있기 마련이다. 그렇다 하더라도 서로의 부족함을 이해해주고 감싸주는 성숙한 사람을 만난다면 그보다 더한 축복은 없을 것이다. 이제 나도 그런 사람이길 소망한다. 우리는 어느 누군가의 수많은 도움의 손길 덕분에 오늘도 안전하게 살아가고 있다는 점을 잊어서는 안 된다.

그럼에도 불구하고, 과거 우리는 성장기 시절 한두 번쯤 친구 관계에서 냉혹한 배신이나 거절감을 느낀 경우가 있을 것이다. 그리고 어른이 되어서도 몸뿐 아니라 내면이 단단하게 성장하지 못한다면 우리는 세 번 네 번 끊임없이 같은 형태의 갈등을 겪게 된다. 그리고 그 관계의 역동은 아쉽게도 개선되지 못한 채 자주 만남만 교체될 뿐이다.

이럴 때마다 우리에게 가장 혹독한 것은 고통 그 자체가 아니라 불편한 관계를 새롭게 통찰하고 개선하기 위한 기회를 잡지 못할 때다. 누군가의 따뜻한 도움의 손길이 없더라도 스스로 고통의 인식을 새롭게 돌이킬 용기를 내야 한다.

이처럼 지금도 누군가에게는 관계가 삶 속에서의 고통일 수 있다. 관계에서 오는 기쁨과 행복을 누리지 못한다면 불행한 일이다. 그러나 그것을 끝까지 분석할 힘을 길러야 하겠다. 그 힘은 바로 나를 사랑하고 존중하는 '자존감 회복'에서부터 시작한다.

우리 안에 왜 그렇게 자존감이 부족했었나? 나도 그랬다. 돌이켜 보면. 속상해 울며 에너지를 낭비했다. 마음속에 누군가를 향한 서운함과 화난 화살이 꽂혀 있었다. 남편이나 친구, 동료들을 향해 나를 사랑해 주지 않는다고. 내 삶과 관계 안에서 자존감이 없는 그동안의 삶은 엉망이었다. 겉으로 보기에 성실한 워킹맘이었지만 사실은 텅 빈 깡통이나 다름없었다. 내 삶에 자존감이 없는 삶은 치명적이었다. 나는 사랑받을 수 있는 존재이다. 자신 스스로 가장 사랑스럽게 자신을 존중해주는 올바른 방법을 안다면 말이다.

심리학에서도 모든 치유는 결핍을 발견하는 순간 해결된다고 한다. 나도 모르게 무수히 많은 나쁜 감정의 화살을 내 마음에 꽂고 있는 건 아닌지부터 알아보는 게 먼저다.

❀ "괜찮아" "나쁘지 않아" 라며 다독이며 말 걸기
❀ "그 정도면 꽤 잘했어." 칭찬하며 말 걸기

✿ "너만의 개성이 있어" 다른 사람과 비교하지 말기

✿ "다음에 기회가 있을 거야, 준비하자" 내일을 위해 준비하는 시간 갖기

"자기 그늘을 불편해하지 않고 태연히 끌어안을 때 당신은 말할 수 없이 매력적이 되고 당신 인생은 굉장한 모험이 된다. 자신의 장점과 단점, 강점과 약점을 불편해하지 않을 때 당신의 단순하고 소박한 인간성이 빛난다" - 초프라 행복 센터 디팩 초프라

내가 먼저 바로 서야 타인도 보인다

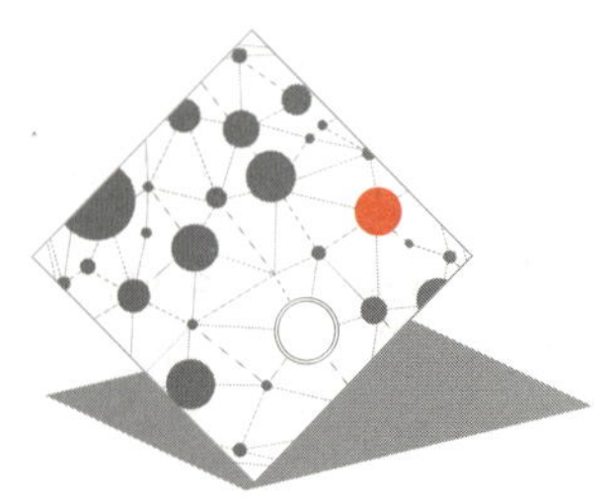

살면서 가장 힘든 것이 무엇일까? 아마 많은 사람이 인간관계라고 답하지 않을까? 그렇게 사람과의 관계가 힘든 이유는 내가 원하는 대로 되지 않아서다. 날마다 만나는 사람들 속에서 생각지 못한 거절과 배신, 실망들이 꿈틀댄다. 그러한 순간들을 재치 있게 넘겨내려면 어떻게 하면 좋을까?

과거에는 지능지수(IQ)를 높게 평가했지만 이제는 사회적 지수(SQ), 관계 지수(NQ), 다중지능 지수 같은 사회관계 지능 척도를 중요하게 여긴다. 자신의 성격 유형을 알기 위한 측정 방법도 다양해지고 있다. 그런 측정 도구가 이용되는 가장 심층적 욕구 안에는 내가 관계 안에서 밀리지 않는 주도성을 가지고 싶기 때문이다.

여러 심리적 도구를 통해 나의 성향을 파악해 보는 것은 흥미로운 일이지만 그 성향에 내가 갇히는 점은 유의해야 한다. 그래서 나는 애니어그램이나 MBTI 같은 성격 유형 테스트에 집착하지 않는다. 알면 도

관계에 대하여

움이 될 때도 있지만 절대적으로 작용하지 않을 때가 많기 때문이다. 사람들은 유행을 따르듯 어떤 유형으로 분류되는 것에 열광한다. 그렇지만 속 깊은 내면의 고민은 해결해주지 못한다. 그중 하나가 관계의 문제이다.

그런데 관계의 어려움을 겪는 사람일수록 어떤 성향을 가질까? 쉽게 타인에게 의존한다. 타인에게 의존한다는 것은 자신의 내면을 허전한 상태로 흔들리도록 내버려두기 때문이다. 마음에 감정을 느끼는 눈금이 많아야 다양한 생각을 할 수 있듯이, 적당한 거리를 유지하는 관계의 눈금을 가늠하는 내공이 있어야 한다.

나는 줄곧 내가 내향적인 사람이기에 관계가 어렵다고 생각했다. 또 다른 원인이 있다고는 생각지 못했다. 그런데 문득 나는 자주 '타인에게 의존성을 보이면서도 이상하게 자신의 부족함을 인정하지 않는 일종의 상대에 대한 심리적 질투심이 거리감을 만들어내고 있다'는 것을 깨달았다. 나를 먼저 바라보고 고쳐야겠다는 강한 충동을 느꼈다. 타인의 장점을 더 인정하고 존중하는 자세를 지녀야겠다고 생각했다. 이것은 자기를 높이며 잘난 척하기 위함이 아니라 스스로를 나쁜 감정으로부터 지켜내는 효과가 있다. 존중의 감정은 자신의 부족함을 어루만져주고 성숙함을 스스로 키운다.

이 글을 쓰기로 결정한 후 나는 고민이 많았다. 남들은 내가 수십 년간 특수한 업무에 종사했기 때문에 무엇에든지 당당한 사람이고 상당한 노하우가 있을 것으로 추측하곤 한다. 특이한 생활을 흥미롭게 여겨준다. 그런데 진짜 내 마음은 '그 반대'라는 감정이 숨어있다. 나는 소

2장 내가 먼저 바로 서야 타인도 보인다

심하고 숨고 싶고 조용히 지내고 싶다.

그런데 이런 생각도 든다. 나는 '이제 어른이면서 아직도 나약한 페르소나를 뒤집어쓰고 있는 거야? 이제 당당해져!' 라고. 이제 버릴 건 버리고 당당하게 서는 거다. 그동안 걱정이 앞섰기에 휴식하지 못한 긴장한 뇌와 장기들에게 휴식을 주자, 나약하고 쪼그라진 가면을 벗어버리자.

그동안 궁금해하며 끊임없이 성찰한 시간은 오래 걸렸지만 이제부터 자신을 일방적으로 다루지 말자. 내면의 목소리를 절대 잃지 말자. 내면의 목소리는 앞으로 수많은 관계에서 문득 마주할 고립감과 결핍을 함께 위로해 줄 동반자가 될 것이다. 이제 남에게 나의 마음을 자연스럽게 표현하지 못하는 어려움을 버리고 진솔한 대화로 자기 주도성을 가져가자. 타인과 마주할 때 자꾸 어색해지거나 꾸며내고 있는 것 같은 정서는 자신 뒤로 사라질 것이다.

그것은 처음 만나 불편한 사이여도 우연한 만남에서도 단번에 회복력을 보여줄 것이다. 그것은 상대방에게 맞추느라 애써 뭔가 긍정적 상황을 쥐어 짜내는 것이 아니다. 내가 대화 주도권을 가진 것이고 상대와 건강한 관계의 줄다리기를 즐기는 것이다.

실컷 시간을 보내고 나서 어색한 대화들이 생각나서 다시 만나지 않기로 결심하는 일은 없어야 한다. 상대방에게 나를 별 볼일 사람으로 인식하게 하지 말자. 부정적인 만남과 관계의 누적은 아직 만나지 않은 관계에 대해서도 울렁증에 빠지게 한다. 그러지 않기 위해서 내게 있는 부정적인 시그널을 수정하고 다듬어야 한다. 모든 관계는 타인으로부터가 아니라 바로 나로부터 시작되기 때문이다.

관계에 대하여

나태주 시인의 유명한 풀꽃이란 시가 있다.

바로 자기 자신에게 해야 할 말이다. 스치듯 만난 사람도 이름을 알고 나면 벌써 친근감이 느껴진다. 하물며 유일하고 소중한 나, 그리고 내 안에 깃든 감정과 기분이 어떤지, 혹시 우울한건 아닌지 때론 기쁜지, 슬픈지 물어보고 대화하는 것은 내가 바로 일어설 수 있는 가장 빠르고 확실한 길이다. 오늘 느낌을 외부로 표현하는 시간을 가져보고 내 마음속을 어떻게 요리해서 어떤 마음의 요리를 먹을 건지 대화를 나눠보자.

결국, 나에게 용기를 주는 사람은 부모도 친구도 그 누구도 아닌 가장 먼저 '나'다. 내가 나를 어루만져주고 품어주는 따스한 친구가 되어야 하며, 자신감이 결여될 때 용기를 북돋아 주는 스승이 되어야 하며, 나 자신을 인정하는 내가 되어야 비로소 타인의 처지와 감정도 볼 수 있는 주도성 있는 내가 된다. 그럴 때 관계는 힘을 얻는다.

가족부터 관계 레시피를 새롭게 정의하라

결혼은 다른 인간관계 틀을 가진 두 사람의 결합

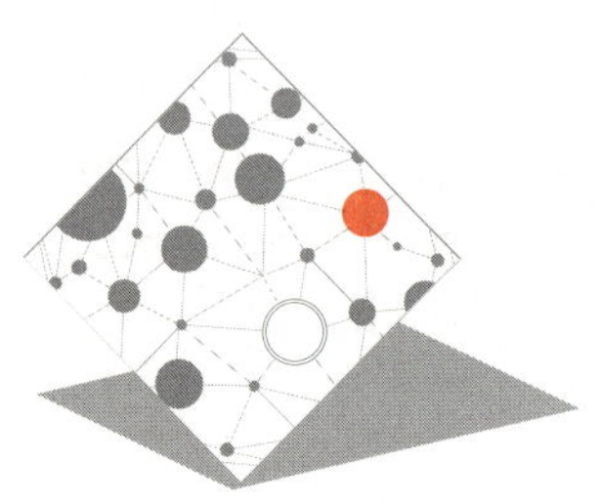

"**행**복한 결혼 생활에서 중요한 것은 서로 얼마나 잘 맞는가보다 다른 점을 어떻게 극복해 나가는 가이다" 이는 러시아의 대문호 톨스토이의 말이다. 결혼 생활을 어떻게 바라볼지 잘 알려주는 명언이다.

결혼 생활 중에 크게 후회가 되었던 두 가지가 있다. 하나는 부모 교육을 받지 못한 점이고, 또 하나는 여자와 남자의 차이에서 생기는 역동을 알지 못한 점이었다. 전자의 경우, 자녀를 낳아 기르는 일이 서툴고 어려운 데다가 나와 남편의 양육 방식에 큰 차이가 있어서 혼란스럽기만 했다.

세상을 바라보는 남녀의 역동 차이는 근본적으로 많이 다르다. 말로써는 그 차이를 선명하게 설명하기가 어려운 부분이 있다. 남녀 심리 차이를 잘 알고 결혼 생활을 시작했더라면 훨씬 수월했을 것이다. 현재는 전보다 다투지 않고 훨씬 여유 있는 생활을 누릴 수 있는 것은 서로 다름을 자연스럽게 인정하게 되었기 때문이다. 그러나 그렇게 되기까지 수많은 실수를 되풀이할 수밖에 없었다. 십여 년 전 어느 날, 직장 상사가 직원들 앞에서 이렇게 말하는 것이다.

"퇴근하고 집에 가면 부인이 나에게 아무 말도 안 시키면 좋겠어. 내 서재에서 혼자 조용히 쉬게 해줄 때 가장 고맙더군. 내겐 그 시간이 가장 소중해"

나는 그 말에 적잖이 충격을 받았다. 그 상사가 이기적으로 보이기까지 했다. 그런데 그게 정말이라고? 나는 믿기 어려웠다. 하지만 시간이 지날수록 내 남편도 역시 마찬가지였다. 결국 나는 그 사실을 인정하지 않을 수 없었다. 그러나 그것을 인정할 때까지 시행착오가 많았다.

나는 일터와 육아 현장에서 온종일 받은 스트레스를 누군가에게 털어놓아야 했다. 남편에게라도 위로를 받아야 살 것 같았다. 그러나 안타깝게도 위로보다는 서로에 대한 감정이 대립되는 경우가 많았다. 매번 "그러니까 어쩌라는 건가! 나도 힘들다"라는 식으로 끝나고 말았다. 그때 우리에게는 "그렇구나. 고생했네."라는 서로를 향한 공감이 필요했었는데 둘 다 그럴 여유가 없었다.

그렇게 힘겨운 시간 끝자락쯤에 어느 날 남자와 여자의 차이에 대한 정보를 접했다. 남자는 금성에서, 여자는 화성에서 왔다고 할 만큼 서로 다른 역동을 가지고 있다는 것이다. 동일한 사건도 여성과 남성의 반응이 다르며 생각도 차이가 있다는 수많은 실험 결과들이 나열되어 있었다.

책을 보면서 서로 다른 관계라는 것이 어느 정도 이해는 되었지만 충분치 않았었나 보다. 아는 것과 이해를 넘어 행동하는 것은 다른 문제

3장 가족의 관계 레시피를 새롭게

였다. 지금은 가족 구성원과 관련된 문제를 남편과 의논하기에 앞서 여러 사항을 미리 고려하는 편이다. 필요하다면 여러 번에 걸쳐 조금씩 얘기한다. 그 이유는 상대방이 받아들일 수 있는 여유와 시간을 주기 위해서이다. 오랜 세월 시행착오 끝에 서로 의견을 조율하는 지혜가 생겼다.

그런데 완벽한 것은 없듯이 서로의 다름을 이해하지 못하고 살 때가 더 많다. 그래서 황혼이혼이 높아지는 걸까? 우리는 때때로 상대방에게 너무 맞춰주다 보니 에너지가 낭비되어 힘겹고, 또 반대로 자신밖에 몰라서 문제가 생긴다. 같은 공간에서 같은 시간을 보내며 함께 한다는 것은 전적으로 서로 다른 것투성이다. 나는 싱겁게 먹고, 상대방은 짜게 먹고, 나는 주위가 깔끔할 때 마음이 편하지만 상대방은 지저분해도 전혀 신경을 쓰지 않을 수 있다.

신혼 초기에는 웬만한 불편함은 참을 수 있다. 아내의 음식 맛이 별로여도 맛있는 척 촘촘하던 젓가락질이 어느 순간 뜸해질 때 덩달아 서로 다름의 문제가 힘겨워질 타이밍으로 부부간의 갈등도 촉발된다. 나는 싱겁게 먹는 편이다. 조금 싱겁게 먹을 때 재료의 신선한 맛이 느껴져서 좋다. 남편은 반대다. 남편은 신혼 초기에 내 음식을 맛있게 먹었지만 지금은 서로 각자 입맛대로 음식을 조율한다.

그러나 이런 우리도 결혼 십여 년이 지나도록 서로 다른 차이와 이해 부족으로 여러 번의 위기를 겪어야 했다. 서로의 약속은 자주 파괴되고 무너지곤 했다. 안타깝게도 점점 더 큰 부부 갈등으로 번지는 날이 잦았고 자녀 앞에서도 심하게 자주 다퉜다. 경어를 쓰거나 메모 같은 도

관계에 대하여

구들을 잘 활용하지 못했다. 서로를 향해 분노감을 드러내며 가족 공동체의 존재감이 송두리째 망가지고 있었다. 결코 쉽지 않았지만 그 즈음에서 어느 누군가는 달라져야만 한다.

결국 지금의 가족 관계가 유지될 수 있었던 것은 남편과 자녀 모두의 노력 덕분이라고 할 수 있다. 나 역시 아내로서의 주어진 역할을 분명하게 인식하지 못했다면 아마도 더 힘들었을 것이다.

하늘의 도움으로 아내는 남편을 돕는 배필이라는 사실에 깊이 감동되는 일들이 생겨났다. 사랑하는 사람이 더 자발적이며 지혜를 가진 사명자라는 사실은 감사한 깨달음이다. 내 생각에 공감을 잘하는 아내는 그것을 남편에게 매력적으로 사용하는 방법을 잘 특화시킬 수 있다. 조용히 눈을 감고 남편 혹은 아내의 단점을 떠올려보며 어떤 부분을 내가 도울수 있을지 생각해보자.

부부는 분명 서로 돕는 자로 만난 게 틀림없다. 부부는 서로 같은 마음, 같은 취미를 넉넉하게 나누면 좋겠지만, 그렇지 않더라도 이상하고 교묘하게 서로 달라서 전혀 예상치 못한 방법으로 서로에게 도움이 되고 있다는 것을 깨닫게 되어야 한다. 더 나아가 그 방법을 찾는 여정이 바로 결혼이 아닐까?

이 시각에도 서로에게 상처받는 부부가 많다. 상처를 해결할 방법을 찾지 못한 사람들이 대부분이다. 어떻게 해야 서로 다른 인간관계 틀을 결혼이라는 결합에 행복하게 적용할 수 있을까? 배우자가 나의 부족함을 좀 도우면 좋으련만, 내면의 깊은 상처를 입은 배우자를 위해 세심하게 보살펴야 하는 경우도 분명히 있다. 결혼 생활의 만족도는 상대적이다. 아마도 시야를 넓혀 많은 결혼 관계를 자세히 들여다보면 오히려

위안 삼을 일이 많아지게 될 것이다. 적어도 겉으로 행복해 보이는 척
하는 사람을 제외하고 말이다.

관계에 대하여

결핍, 그 채움의 기회를 놓치지 말라

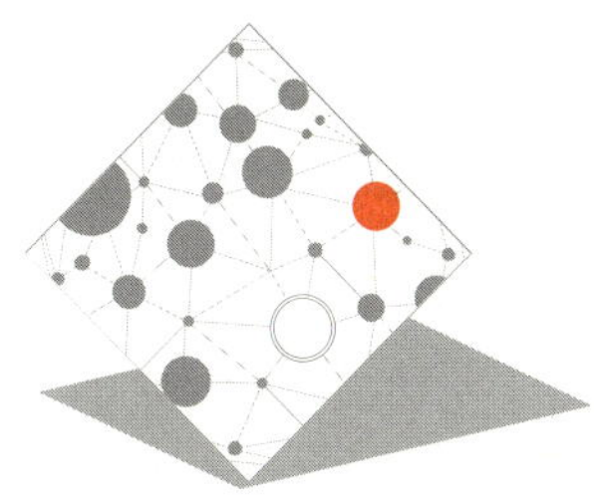

옛날 전래동화에 콩쥐와 팥쥐라는 이야기가 있다. 잘 아는 이야기와 같이 콩쥐는 계모의 심부름에 시달린다. 어느 날 계모는 콩쥐에게 항아리에 물을 다 채우라고 말했다. 열심히 채웠지만 가득 채워지지 않는다. 알고 보니 항아리 밑바닥이 깨져있었다. 그때 어디선가 두꺼비가 나타나 그 깨진 항아리 틈을 막아준다. 콩쥐는 참새떼 도움으로 벼를 찧고 선녀의 도움으로 베를 짜고 원님의 잔칫집으로 향한다.

만약 콩쥐 아버지가 새 장가를 안 갔더라면, 계모가 착한 사람이었더라면, 콩쥐는 그토록 고생하지 않았을 것이다. 그렇지만 우리는 가족, 혈연으로 연결된 관계 안에서 살아가야 한다. 언제 그랬는지 모를 깨진 항아리를 수리하고 충분히 필요한 것들로 결핍들을 채워야 할 때, 두꺼비 같은 존재를 만날 그 채움의 기회는 어떻게 만들어야 할까?

만약 무언가의 결핍! 그 끝에서 수많은 심리적인 어려움을 겪고 있다면, 자의든 타의든 '만족감과 행복감'이 결여된 블랙홀에 빠진 것이다.

'결핍'이라는 용어는 애정결핍, 모성결핍. 주의력결핍 같은 이름에 사용되는데 대개 자신이 결핍의 당사자라고 생각하고 싶어 하지 않는다. 사람에게 존재하는 결핍은 밖으로 잘 드러나지 않지만, 삶과 관계의 많은 부분에 영향을 준다. 그건 삶의 의욕과 욕망이 될 수도 있고 반대로 깊은 상실감이 될 수도 있다.

만약 자신이 일종의 결핍을 느낀다면 그것이 삶의 의욕으로 작동하고 있는지, 아닌지를 생각해보아야 한다. 우선 무엇 때문에 왜 항아리가 깨졌는지 알아야 하고, 그 안에 무엇으로 채울 때 가장 행복한지 생각해야 한다.

미국의 종교지도자였던 빌리 그레이엄은 "사람은 부족함을 깊이 깨달으면 깨달을수록 인생의 행복에 가까워지게 된다"고 말한다. 하지만 그 부족함을 깨닫는 것, 바로 자신의 결핍적 요소가 무엇인지 깨닫는 것은 결코 쉬운 일이 아니다. 그러나 문제가 있는 곳에 답이 있기 마련이다. 단지 그 문제를 인식하지 못하거나 그 답을 애써 찾으려 노력하지 않을 뿐이다.

모든 사람에게 존재하는 결핍은 정도의 문제일 뿐이며 결핍에 대해 노력하는 것은 모든 점에서 자신에게 도움을 준다. 사고가 유연하면 타인의 충고를 잘 받아들이고 개선하려고 노력한다. 그렇기에 자신 안에 있는 결핍을 찾을 확률이 높다. 왜냐하면 그런 사람은 주변의 말을 귀담아듣고 자기 피드백을 하기 때문이다.

보통 대인 관계에서 결핍과 결부된 역동들이 자연스럽게 드러나는 일이 많고 문제가 되기도 한다. 이런 결핍이 부지불식간에 드러날 때

관계에 대하여

주변의 충고로도 이어지기 때문이다. 간혹 자신의 결핍을 타인이나 관계 안에서 채우려 하거나 인정 욕구를 드러내면서 크고 작은 실수도 한다. 나는 이런 이야기를 자주 듣는 편이다.

"이상하게 A는 주변 사람들에게 관심을 받기 위해 지나친 행동을 하는 것 같아요. 굉장히 거슬려요"
"하루는 제가 B를 미처 보지 못하고 지나친 일이 있었어요. 그런데 자신에게 인사를 안 했다고 역정을 내서… 일부러 그런 것이 아니었는데, 몇 번 그런 일을 당하니까. 인정을 받고 싶은 건가 하는 생각이 들어요"

혹시 살아오면서 타인의 시선을 의식하지 않고는 하루도 살 수 없었던 경험, 그리고 많은 사람과의 만남 후 이러저러한 부정적인 생각이 떠올라 고민하면서 밤잠을 이루지 못한 경험이 있었는가? 이런 것들이 쌓여 몹시 격양되어 눈물까지 흘려본 적이 있다면 나는 그것을 삶에서 청색 신호등으로 가기 위한 채움의 기회라고 생각한다. 그렇게 자신과 세상 사이에서 부족함을 채우기 위한 몸부림은 분명 그 부족한 결핍을 채우는 기회를 제공하기 때문이다.

나는 '상대방에게 도움을 요청하는 태도'에 대한 결핍이 있었다. 직장 새내기 시절, 선배 한 분이 나에게 이렇게 말했다.

"어려울 때는 팀원에게 도움을 요청해요. 혼자서 다 하지 말고"

세월이 흘러 지금은 많이 익숙해진 편이지만, 당시에는 혹시 거절당할까 봐 힘들더라도 혼자 일하곤 했다. 타인에게 부탁하는 게 왜 그리

힘들었을까? 타인에 대한 믿음 부족? 말을 걸고 대화하는 번거로움? 사
귐성 부족? 등등 여러 가지 이유가 있을 터였다.

나는 마흔이 넘어 삶의 의욕이 사라질 무렵, 내가 광기처럼 채우려고
발버둥 쳤던 원인이 무엇인지 알게 되었다. 그것은 바로 '애정 결핍'이
었다. 나는 그것을 극도로 추구하면서도 깊은 상실감에 빠져 오래 허우
적거렸다는 것을 깨달았다. 나에게는 그것이 타인에 대한 신뢰감, 원만
한 관계에도 부정적인 영향을 미쳐왔다.

결핍은 일종의 중독 현상과 비슷하다. 관계 안에서 뭔가 채우려고 노
력해도 원하는 만족도에 도달할 수가 없게 한다. 도파민에 중독되면 많
은 도파민을 주어도 자꾸만 더 많은 것을 갈망하는 현상과 비슷하다고
할까.

그런데 결핍의 원인이 무엇인지 깨닫자 심신에 안정감이 빠르게 찾
아왔고 서서히 내가 보이기 시작했다. 그동안 내 안에 자신과 타인에
대한 신뢰와 친밀감 부족이 보였다. 이제 결핍을 찾아 그것을 채우는
성장의 시간을 요리한다.

흔히 같은 상황과 조건을 만날 때 성공과 실패라는 이중 갈림길이 있
듯 결핍도 그렇다. 자신의 결핍을 잘 들여다보고 분석하면 행복을 여
는 열쇠가 되지만 부정적 감정 상태에 머물러 있으면 불행의 길로 가
게 된다.

우리가 행복한 길을 향해 나아가는 것은 무엇보다 중요하다. 가장 쉬
운 방법 중 하나는 자신의 어려움을 누군가에게 솔직하게 표현하는 것
이다. 취미나 자기계발 모임, 독서 토론 활동이나 글쓰기나 메모 같은
스스로의 활동을 통해서도 가능하다.

관계에 대하여

언젠가 나는 우연한 기회에 단기간 코스인 심리 상담 공부에 참여한 적이 있었다. 1박 2일 연수 과정에 참여했다가 한 번도 생각하지 못한 가족관계에 대해 생각하게 되었다. 그 주제는 '만약 가족이 바다에 빠졌는데 한 사람만 구해야 한다면 누구를 구하겠는가?' 였다. 그날 참여한 사람들은 각자 소중한 가족들의 이름을 부르며 눈물이 범벅이 된 채 한 사람씩 바다에 가족의 이름을 던져야 했다. 가상으로 설정된 상황이었지만 마치 실제인 듯 착각을 느꼈다.

'내가 정말 그렇게 생각했구나' 하며 내가 그동안 전혀 몰랐던 스스로의 감정들을 인식한 것이다. 비록 그 활동으로 진정한 결핍의 정체는 아직 몰랐지만, 대인 업무가 훨씬 수월해짐을 느꼈다. 어려운 마음을 가진 사람들을 대하기가 전보다 쉬웠다. 그 기회를 빌미로 불안과 우울에 대한 공부의 시발점이 되었던 것 같다.

십 년쯤 후 다시 지독한 심리적 불안정 상태가 찾아왔을 때 '자기분석'을 반드시 하고야 말겠다는 의지가 생겼다. 특수아동심리학을 전공하는 대학원에 진학했고 1년 후쯤 나의 가장 큰 결핍이 무엇인지 알게 되었다. 결핍이 무엇인지 깨닫게 된다는 것은, 항아리가 어디 지점에서 어떻게 깨져있었는지 알게 되는 것과 같다. 그러면 결핍을 채우려고 했던 그동안의 애씀이 어떤 원리에 의해 오작동을 일으켰는지 깨닫게 된다.

내 안의 결핍을 인정하고, 자기분석을 할 줄 안다면, 서서히 나로부터 시작될 수 있는 '다음 미션'이 다가올 것이다. 그것은 '자기경영'과 '우리'라는 관계의 유연함과 창의성이라는 확장성을 가져다준다. 이때가 바로 타인과의 관계도 수월해지는 타이밍이다. 내 안의 결핍을 인정하게 되면 '우리'라는 관계를 받아들이기가 편하기 때문이다.

현대 경영학을 창시한 학자로 평가받고 있는 피커 드러커의 『자기경영 바이블』에는 대부분의 사람들은 자기가 무엇을 잘하는지 안다고 생각하지만 대체로 잘못 알고 있다고 주장하며 그 반대 역시 마찬가지라는 것이다. 사람은 자신의 능력을 발휘할 강점을 찾아야 하며 동료들의 강점과 일하는 방식, 가치관까지 알고 있어야 한다는 것이다.

결국, 결핍을 채워간다는 것은 나 너머의 우리를 향해 확장성을 갖추는 자격을 한 땀 한 땀 채워가는 과정이다. 피터 드러커 역시 유능한 리더란 " '나'가 아닌 '우리'를 말하는 사람이다"라고 한 것과 같이, 닫혀 있는 관계가 아닌 열린 관계에서 누구보다 자유롭고 행복한 삶을 보장받을 수 있다. 두꺼비에게 도움 받는 콩쥐 이야기는 결코 동화 속 주인공 캐릭터가 아닌 것이다.

관계에 대하여

관계문제는 원 가족으로부터 유전될까?

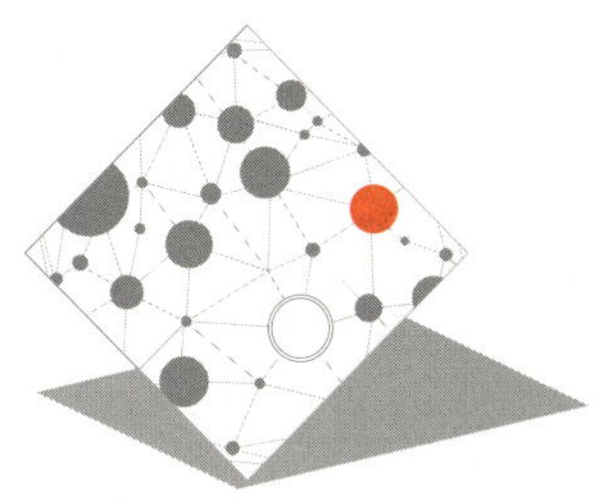

우리는 오늘도 수많은 만남을 가진다. 그 안에는 원하는 만남, 원하지 않은 만남, 익숙한 만남, 낯선 만남이 서로 교차한다. 이러한 만남 속에서 우리는 상대방에게 동질감을 느끼기도 하고 이질감을 느끼기도 한다. 그러면서 서로에게 각자가 갖고 있는 삶의 다양한 역동을 주고받는다. 그 중 상호 간에 얽힌 가족 얘기는 빼놓을 수 없는 흥미로운 화제가 되기도 한다. 우리 아버지는.. 우리 어머니는… 내 형제는… 하며 이렇고 저렇고 이야기가 이어진다.

얼마 전 다녀온 시니어 강의에서 오고 간 말이 기억난다. "우리 아버지는 그 시절 깨어있는 선각자셨어요. 자녀들을 어느 누구 차별하는 법 없이 공정하게 대해 주셨으니까요. 시간이 지나도 그 점에 감사하는 마음이 커요" 라고 이렇게 말한 어르신은 현재 남편과 잘 살고 있어서 감사하다고 덧붙여 말했다. 그 말을 듣는 내내 그분에게서 안정된 느낌이 전해져왔다. 반면 복잡했던 과거의 가정사 얘기도 하는 분이 있었다.

얼마나 힘든 삶을 살았을지 느껴졌다.

이렇듯 각기 다른 가정환경에서 성장한 사람들이 서로 만나 다양한 소통과 공감을 가지게 된다. 서로 다른 삶, 서로 다른 처지를 가진 사람들이기에 서로에 대한 이해와 위로가 있지 않으면 좋은 만남의 의미를 찾기 어렵다.

비단 한 사람의 인생 스토리는 여러 세대를 통해 이어 내려온 수많은 사연이 얽혀 있다. 한 사람의 인생 바퀴를 형성하는 수많은 총체도 그렇다. 여유와 긍정이 있는 사람, 힘과 자신감이 넘치는 사람, 점잖고 포용력이 좋은 사람, 예민한 사람, 비판적인 사람 등등 나름대로 그 이유가 다 있다.

그 이유 중에 부모가 그의 부모에게, 다시 그 자녀에게 물려주고 학습하는 것들이 많다. 그런데 순기능보다는 역기능적인 것을 더 빨리 학습하는 것 같다. 살면서 부모 세대를 보며 뭔가 문제가 있는데? 라던가, 때론 왜 저렇게 되었을까? 라는 막연한 궁금증이 들기도 한다. 살면서 자기도 모르게 원 가족으로부터 역기능이 학습되었다고 느낀다면 어떻게 해야 할까? 거슬렸던 사소한 말투, 부정적인 사고 패턴, 좋지 않았던 행동 습관 들을 내 안에서 데자뷔 되듯 발견한다면 그것은 어떤 신호일까?

나는 성인기에 접어들자 결혼과 자녀를 낳아 기르는 것이 나의 미래 목록 중 하나였다. 부모처럼 살지 말아야지 하는 것도 없었다. 결혼과 자녀를 기르는 것이 당연한 임무처럼 느껴졌다. 그런데 생각보다 부모의 역할이 어려웠다. 부모가 되고 나서 좌충우돌 겪다 보니 내게 역

관계에 대하여

기능적인 모습을 많이 발견했다. 자녀에게 차갑고 냉정하게 굴었던 날, 기분에 따라 함부로 대했던 표정, 자식의 마음을 몰라준 서툰 감정 표현들, 설득과 납득이 없는 일방적인 것들로 인해 자녀에게 상처 주었던 곤란한 상황을 어떻게 설명할 수 있을까? 나도 몰랐던 내 모습 그것을 내 자녀가 보고 자랐다.

나는 '부모가 자식을 사랑하는 것보다 자식이 부모를 더 사랑한다'는 말을 이제는 공감한다. 과거에는 내 안에 갇혀 내가 쏟아 붓는 자녀를 향한 헌신이 전부라고만 생각했다. 부모에게는 좋은 품성뿐만 아니라 나쁜 점도 있는데 말이다. 그것이 자녀 눈에는 확연히 더 잘 보인다는 점을 깨닫지 못한 터였다.

그럼에도 불구하고 자녀는 부모를 사랑하고 사랑받고 싶어 한다. 이 두 가지 감정 속에서 갈등했던 자녀들의 마음을 왜 보지 못했던 것일까?

진심 어린 '미안함'이 어느 세대 사이에서 반드시 공명해야 한다고 생각한다. 그렇지 않으면 그동안 세대로 흘렀던 많은 문제가 관계의 문제로까지 이어지며 꼬리에 꼬리를 물고 풀리지 않을 것이기 때문이다.

그것은 서로 간 공감하지 못하는 사이에 단절된 마음을 가져오고 곧 고립감을 초래하며 관계에도 영향을 미친다. 또 자신의 잘못에 대한 인정이 되어야 하며 진정한 성찰은 용서와 화해를 불러온다.

그렇다면 누가 하는 게 좋을까? 가장 먼저 깨달은 누군가가 할 수밖에 없다. 이 과정을 이해하고 정리하려면 정신적으로 많은 에너지가 필요하다. 그렇지만 틀어진 나와 원 가족과의 문제, 그리고 다음 세대를 위해 덮어둘 수만은 없는 일이며 반드시 해결해야 한다.

"아직도 아버지는 내가 어린애로 보이세요? 나는 직장에서 인정받고 있는 어른이라고요! 이제 머리가 희끗희끗해진 중년이 넘은 여자가 되었다구요. 제발 나한테 이래라 저래라 강요하지 마세요!"

자식으로서 부모에게 심한 말이었다. 하지만 그렇게 하지 않을 수 없는 이유와 왜 그렇게까지 목소리를 높였는지 갈등 촉발을 통해 서로에게 깊은 숙려의 시간이 필요하다.

우리는 깊이 얽힌 감정의 소용돌이로 인해 원 가족과의 관계로부터 피하지도 저항할 수 없는 시간에 묶인 채 살아가기도 한다. 부정적인 감정들이 원 가족과의 관계에서 온 것이 있다면 다른 그 어떤 문제보다 더 선명하게 괴로움에 사로잡힌다. 그것은 가시처럼 가슴에 알알이 박혀 있어 그 관계의 불편함이 고통스럽기 때문에 우리는 벗어나기 위해 애쓰지 않으면 안 된다.

수많은 고민을 하며 조언들을 구하고 스스로 공부하며 그 관계의 쓰디쓴 해결의 실마리를 찾기 위해 노력하다 보면 내 안에서 나도 몰랐던 유능함을 찾아내게 될 것이다. 그 해결할 답을 찾기 위해 포기하지 않으면 분명히 발전적인 모습으로 변화될 수 있다고 믿는다. 주변의 눈치를 보지 말고 좀 더 까다로우면서도 선명한 사람이 되도록 하라. 까다롭다는 정의는 나쁜 말이 아니다. 뭔가 부족함을 채우기 위해 더 노력하는 모습으로 나아갈 수 있다는 의미이다. 언젠가 우리는 내면이 강해지면 자신의 부정적 여러 모습을 자연스럽게 재해석해 내놓을 줄 알게 될 것이다.

"그때의 힘든 경험이 내게 엄청난 도움이 되었지 뭐야. 감사한 일이야"

"그렇게 힘들었기 때문에 내가 더 성장하는 기회를 얻은 거야. 고마운 일이야"

"내가 원래 좀 그런 사람이야. 어느 누구도 완벽할 수는 없잖아. 안 그래?"

라고 당당하게 규정지을 수 있다.

결국 관계 문제는 원 가족으로부터 유전될까? 많은 식재료가 있어야 다양하고 맛있는 음식을 만들 수 있듯이, 이런저런 관계의 문제들을 몸소 체험한 사람만이 다양한 삶의 레시피를 만들어 낼 수 있다. 그것은 혹시 자신에게 많은 문제를 안겨준 '원 가족'이라는 자양분이 있기에 가능했다. 우리는 원래부터 많은 발전 가능성을 가진 사람이다. 그 문제를 양질의 비료 삼아 새롭고 창의로운 관계를 만들고 극적인 변화를 이끌어 낼 주인공은 바로 당신이다.

부부는 신뢰 하나로 이루어진 관계다

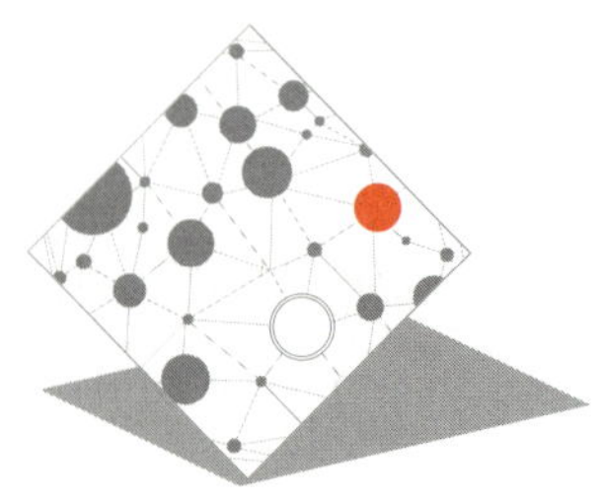

얼마 전 식사하는데, 수리부엉이 암수 한 쌍이 새끼를 키우는 모습이 방송을 볼 수 있었다. 수리부엉이는 높고 위험한 바위산 절벽에 둥지를 트는 특징이 있다고 한다. 특별한 경우를 제외하고 평생 함께 지내며 새끼를 키운다.

역할도 분명하다. 암컷은 주로 추운 2월경 알을 품고 수컷은 암컷을 위해 먹이를 잡아다 준다. 암컷은 알의 적당한 온도 유지를 위해 자리를 지켜야만 한다. 수컷이 먹이를 갖다 주지 않으면 암컷은 추운 겨울 동안 굶어 죽을 수도 있다. 수컷은 때가 되면 어김없이 먹이를 가져오고 주변을 파수해준다. 새끼가 부화하면 수리부엉이 부부의 역할은 더욱 중요해진다. TV에서 동물 전문가는 수리부엉이 새끼의 성공적 번식 이후에 어느 한쪽이 죽을 때까지 부부관계를 유지하는 아주 엄밀한 일부일처제라는 설명을 덧붙였다.

아! 순간, 많은 생각이 스쳤다. 동물도 암수 사이에 단단한 신뢰를 기반으로 번식을 하고 있구나! 무척이나 놀라웠다. 암컷 수리부엉이는 아무리 혹독한 추위가 와도 알을 품은 채 자리를 뜨지 않는다. 배가 고프고 외로울 텐데도 수컷 부엉이가 오기만을 마냥 기다린다. 만약 암컷 부엉이가 수컷을 기다리지 못하고 자칫 자리라도 뜨는 날에는 알은 고스란히 추위 속에서 얼어버리고 말 것이다. 수컷은 암컷의 믿음을 져버리지 않고 어떻게든 먹잇감을 암컷에게 물어다 준다. 암컷과 수컷 사이에 그런 절절한 기다림과 확신이 없다면 결코 번식이 성공하지 못하는 것이다.

나도 결혼 생활을 돌아보며 수리부엉이 암수 한 쌍의 모습에 괜스레 숙연해진다. 마음 깊은 곳에서 그동안 믿음과 인내로 서로에게 굳건한 의지가 되어 왔는지 되돌아본다. 그리고 수많은 잘못과 실수들이 콕콕 마음을 찌른다. 그동안 이기적인 순간들이 많았고 상대를 이해하지 못하여 인내하지 못한 적이 많았다. 사람이 여자와 남자로 된 것, 때로는 극명하게 다른 순간을 마주할 때 생각보다 훨씬 복잡하고 어렵고 다차원적인 관계의 레시피들이 우리에게는 필요하다.

그러기에 남녀의 부부생활은 동물의 생존 본능보다 훨씬 더 차원 높은 인간다움의 신비로운 관계가 요구된다. 꼭 자녀를 통해 번식하려는 욕구만 가진 것도 아니어서 자녀에게는 미안하지만 일평생 그들에게 충성스럽지 않은 모습도 갖고 있다. 인간 본연의 이기심이 자칫 가장 잘 드러나는 장소가 다름 아닌 가정이 될 때도 있다.

그럼에도 우리는 더 고차원적인 감정, 생각, 행동, 가치관 등 각자의 성장과 가정공동체와 맞물린 수많은 요소들을 가진 개인으로서, 서로 톱니바퀴가 되어 돌아가야 하는 존재다. 이처럼 조율하고 조절하는 과정에서 때론 서로 할퀴며 깎이며 아픔과 상처도 주고받기 마련이다.

2024년 기준 혼인 건수는 22.2만 건으로 전년도 대비 28,000건, 약 12.0% 이상 증가했다. 그러나 9년 전에 비해 약 8만 건, 36% 정도가 감소했다. 연령대별 혼인 건수는 남녀 모두 30대 초반 연령대에서 가장 많이 증가했다. 2024년 이혼 건수는 9.12만 건 정도이다. 혼인 지속 기간별로 이혼의 구성비는 5~9년, 4년 이하, 30년 이상 순으로 많았다.

어느 기관에서 654쌍의 부부를 대상으로 한 연구에서 결혼 생활에 불만을 느낀 부부들을 5년 뒤 다시 확인했을 때, 이혼한 사람들의 삶의 만족도는 이혼하지 않은 사람들보다 더 높지 않았다. 이 조사 중 '상황이 좋지 않을 때는 그냥 참는 편이 쉽다'였다. "헤어지지 않고 산 많은 부부가 자신들이 더 행복해지는 이유는 그 사이 문제가 해결되어서가 아니라, 그 기간을 그냥 끈기 있게 버텨서였다" 라는 결과였다.

젊음과 신혼이란, 서로 각자를 향해 어필하기 위한 시간이 아닌가 싶다. 작은 하나하나가 서운한 것투성이인 시간을 잘 극복해야 한다. 결혼이 가져다주는 안정과 신뢰, 믿음, 자녀를 위한 든든한 보금자리 같은 큰 가치관을 바라보기가 그리 쉽지만은 않다. 그보다 문득문득 주체할 수 없는 서로의 주장들 때문에 관계가 허물어져 간다.

결혼 생활 수십 년이 되어도 서로가 좋아하는 기질들은 거의 좁혀지지 않을 때가 많다. 정치 사회적인 견해나 자녀 양육과 가치관들, 작은 생활 습관들 등등. 세월을 함께하면서 수십 번 부부관계의 위기가 찾아오는 가운데 자신을 인식하고 상대방을 이해하는 부부관계의 힘이 생긴다. 때로는 "이제 싸워도 변하는 게 없어. 우선 갈등은 피하고 보는

관계에 대하여

거야"라는 건강한 회피가 현명한 부부관계의 재탄생을 만든다.

무엇보다 가정을 지키는 일은 수리부엉이처럼 추운 겨울, 높은 절벽에서 새끼를 낳아 키우듯 절대적으로 협력이 필요하다. 그렇기에 부부 사이의 신뢰는 어떠한 상황에서도 지켜나가지 않으면 안 된다. 살다 보면 그 원칙이 무너질 수도 있지만 어렵더라도 가정이라는 근본적인 가치를 향해 나아가야 하는 것 같다.

나는 대체로 부모에게서 안전한 정서적 기지를 느끼지 못했다. 그것은 내 기질 탓도 있고 여러 환경적인 요인도 있을 것이다. 나는 학령기에 학업 성취는 곧잘 했지만 아이들이 많은 학교, 친척이 많은 모임, 비밀이 없는 시골 생활 속에서 자주 불안한 마음을 경험했다. 가정 안에서 칭찬과 격려가 자주 더해졌다면 어떠했을까?

지금껏 가정 안에서 갈등 관리를 지혜롭게 하지 못한 내 모습을, 과거에 자주 다퉜던 부모의 탓으로 돌리고 싶은 마음은 없다. 단지 내가 만나는 많은 사람의 관계문제가 위 세대로부터 학습되었음을 자주 본다. 그렇기에 몇 세대에 걸친 어긋난 소통과 관계의 기술을 바르게 알고 원활하게 바꾸는데, 공부가 필요하다.

그동안 가정 안에서 무심코 했던 오랜 감정적인 부부싸움들로 인해 어떤 죄책감이 밀려온다면 내 안에 부족했던 사랑을 보듬고 위로하라. 부부 사이에 있는 원망과 미움을 다스려라. 내 안에 미움 대신 사랑의 신뢰가 가득 채워지도록 기도하라.

사람의 관계는 보이지 않는 신뢰와 불신의 신호가 와이파이처럼 맞닿아있다. 그럴 때 있지 않은가? 문득 어느 날 수많은 대인 관계 속에서 누군가와의 관계가 부정적으로 느껴질 때, 왠지 그와의 신뢰 관계에 문제가 생길 것 같다는 예감이 들 때, 그럴 때 여지없이 그 사람과 차츰 멀어지는 경험이 있을 것이다.

타인과도 그러한데 늘 한집에서 함께 사는 부부 사이 신뢰와 불신의 신호는 얼마나 예민하겠는가! 그리고 그런 부모를 매일 24시간 바라보는 자녀들을 생각하면 신뢰가 깨진 부모가 어떤 좋은 말을 해도 설득력을 잃는 것은 어쩌면 당연한 일이다.

나는 직장 생활 중에도 언젠가는 엄마로서 살아야지 하는 생각을 했다. 드디어 기회는 찾아왔고 나는 그동안의 빈자리를 메울 수 있을 줄 알았다. 그러나 오산이었다. 나의 충고는 사춘기 자녀에게 잔소리밖에 되지 않았다. 그럴수록 충돌이 많아졌다. 몇 년의 힘든 시간이 흐른 후에 나는 깨달았다. 우리 부부는 좋은 관계의 롤 모델이 아니었다는 점. 나는 그동안 매사에 바쁘고 조급하여 아이들의 감정과 기분을 잘 배려하지 못했다는 것을.

그렇게 서툴게 시끄럽던 부부 사이가 이제는 원만하고 조용하다. 왜 그렇게 되었을까? 문제는 바로 '나' 중심적 사고로 가득한 나 때문이었다. 내 욕구를 채우려고 하는 성급함이 더 넓은 시선을 갖지 못하게 했다. 우리는 여전히 서로 다르다. 그러나 달라진 것은 내가 아내로서 역할이 무엇이고 충실한 모습을 갖고자 노력할 뿐이다. 남편을 위해 내가 만약 도울 수 있는 역할이 있다면 하는 마음만 달라졌을 뿐이다. 내가 무엇을 더 열심히 하는 것도 아니다. 이제 돈을 더 벌어오지도 못하며 게으른 습관도 여전하다. 늘 그런 것처럼 남편은 말이 별로 없다. 그에게 조금 더 아내의 목소리에 귀를 기울이면 어떨까 하는 마음을 기대하

관계에 대하여

고 있지만... 이젠 그런 것에 서운한 마음이 안 든다. 정말 왜일까? 부부 간에 신뢰는 하루아침에 생기는 것이 아니며 부족함 투성이 임을 서로 무언으로 고백하는 것만으로도 충분하지 않을까?

05

자식을 통해 사랑을 배워야 되는 이유

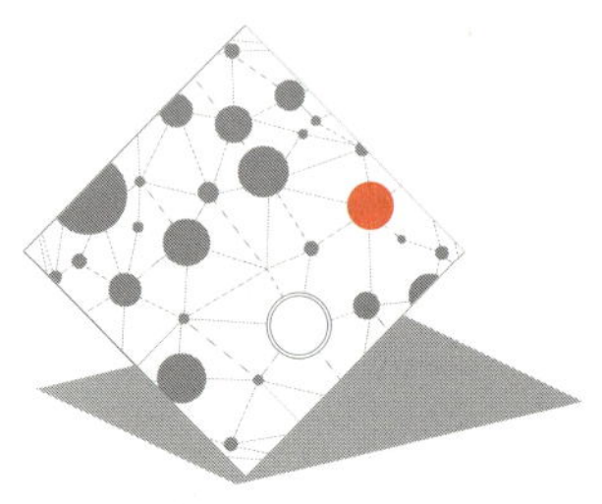

우리는 결혼을 하면서 삶의 터닝포인트를 맞이한다. 아이를 낳으면서 행복과 불안이 동시에 찾아오기도 한다. 부부가 결혼하고 아이를 낳으면 약 67%의 부모가 첫 3년 동안 부부 사이가 급격히 나빠진다고 한다. 왜 그럴까?

자녀가 태어나면 부부 둘만의 관계에서 새로운 관계로 더 확장된다. 둘만의 아기자기한 리듬이 깨진다. 오롯이 아내와 남편이었다가 아이를 사이에 두고 엄마와 아빠라는 새로운 역할이 부여된다. 때로는 역할 혼돈을 겪기도 한다. 내가 도대체 저 남편의 아내가 맞았나, 혹시 보모로 전락한 것은 아닌지, 내가 저 아내의 남편은 맞는지, 아이만 챙기는 아내를 보며 혼란이 올 수도 있다.

어떤 부부든지 다소간 관계의 어려움은 갖고 있음을 종종 본다. 부부 사이에 상대방을 지나치게 간섭하는 관계가 있고, 반면 너무 쿨한 부부도 있다. 서로 존중하고 위하는 이상적인 부부도 있다. 혹시 우리 부부는 그동안 자녀에게 어떤 모습을 보여주었을까? 부모로서 그들에게 평생 무엇을 남겨주고 싶은가?

부부관계 및 관계 치료 분야의 세계적인 권위자인 존 가트맨 박사는 만약 아이에게 평생 무언가를 선물로 주고 싶다면 따스하고 친밀한 감정코칭을 해주라고 조언한다.

그는 감정코칭을 잘하기 위해서는 5가지가 중요하다고 했다.

✽ 아이의 소소한 감정들을 인식하는 것

✽ 아이의 감정적인 표현들을 친밀감과 감정코칭을 위한 기회로 보는 것

✽ 이해심을 가지고 귀 기울이며 아이의 감정을 이해한다는 점을 전달하는 것

✽ 아이가 감정을 말로 표현하도록 돕는 것, 감정에 이름표를 붙여서 아이 스스로 자신의 감정이 어떤 것인지 이해할 수 있게 하는 것

✽ 화가 나는 상황에서 아이가 문제를 적절한 방식으로 해결할 수 있게 도와주는 것

이것을 가능하게 하기 위해 부분적으로 아이의 행동에 제한을 두어 가족의 가치를 전달해야 한다고 충고한다.

이러한 전문가의 조언을 실천하기 위해 부모 내면에 그것을 실제로 가능하게 할 행동 습관과 가치를 보여줄 태도를 갖추고 있어야 한다. 그처럼 부모가 삶을 대하는 신념과 태도가 더 진중할수록, 문제 해결을 위한 창의적이고 다양한 방법을 더 많이 제시할수록, 자녀들의 감정을 섬세하고 따뜻한 표정으로 반응해줄수록, 자녀는 따스하고 친밀한 감

3장 가족의 관계 레시피를 새롭게

정을 더욱 많이 느낄 것이다.

그런데 돌이켜보면 누구나 실수했던 순간들이 하나둘 생각날 것이다. 자녀 문제가 발생했을 때 우왕좌왕했던 기억, 더 좋은 것을 제공한다는 생각으로 지나치게 간섭했던 시간, 내 판단이 옳다고 여겨 자녀의 의견을 무시했던 일들 말이다.

나의 경우 상당히 오해하고 있었던 것이 하나 있었다. 그것은 우리 부부가 열심히 살았기 때문에 자녀들에게 제공해 줄 수 있었던 것들, 예로 안전한 의식주, 교육비, 기타 잡비 등을 부족함 없이 제공했다는 것으로 당연히 부모로서 의무를 다했다고 생각했다. 그런데 자녀는 그런 것보다 마음의 결핍에 더 예민했다. 그것은 따스하고 친밀한 감정, 부모를 신뢰하는 심리적 마음과 안정감을 더 원했다. 안타깝게도 그것을 뒤늦게 깨달았다.

부부싸움을 많이 하는 부모 밑에서 자란 아이의 소변을 검사해보면, 스트레스 호르몬인 코티솔이 많이 검출된다. 부부싸움의 정도가 심하면 심할수록 스트레스 호르몬의 양이 많아진다. 부부 싸움의 대한 아이들의 반응은 여러 형태로 나타날 수 있다.

부모가 싸우면 어떻게 하든 안간힘을 쓰며 부모를 중재하려는 아이가 있는가 하면, 자신과는 전혀 상관없는 일이라는 듯 무관심하게 자기 방에서 제 할 일을 하는 아이도 있다. 하지만 어떤 반응을 보이는 아이든지 실제 소변검사를 해보면 다량의 스트레스 호르몬이 검출된다. 부모의 불화는 아이에게 매우 큰 스트레스와 고통을 준다.

어느 순간부터 우리 부부가 그리고 내가 그동안 자녀들에게 무엇을

관계에 대하여

잘못했는지 깨닫게 해주는 사건들이 터지기 시작했다. 나는 자녀가 우리 부부(나)를 신뢰하지 못한다는 사실조차 알지 못했다. 전문가 상담 결과 문제는 엄마인 '나'에게 있다고 진단했다. 그러나 나는 그 사실을 이해하지 못한 채 상담은 중지되었다.

결국 해결되지 못한 자녀와의 문제는 2~3년 후 다시 갈등이 되어 돌아왔다.

전문가는 부부 상담이 자녀를 위해 문제를 효과적으로 해결하는 방법이라고 조언했다. 우리는 자녀 문제를 다시 바라보는 계기가 되었다. 이제 우리 부부는 자녀들과 많은 대화를 나누려고 노력하고 있다.

나는 이제 내가 아내와 엄마로서 역할을 충실히 할 수 있도록 기도한다. 때론 자녀에게 충분한 사랑을 주고 있다고 생각하지만 그건 착각일 수 있다는 것을 깨달았다. 강슬기 작가의 『모모와 토토』라는 동화에는 모모라는 원숭이와 토토라는 토끼가 등장한다. 이들은 둘도 없는 단짝 친구이다. 그런데 모모는 바나나 우유와 노란색을 좋아하고, 토토는 당근 주스와 주황색을 좋아한다. 원숭이 모모는 친구 토토를 위해 늘 자기가 좋아하는 물건과 자기가 좋아하는 색깔의 장난감만 권유한다. 어느 날 모모는 토토로부터 이별을 통보받는다. 결국, 상대방이 무엇을 원했는지 깨닫고 우정을 회복한다는 동화이다.

자기가 좋아하는 것이 아니라 상대방이 원하는 것을 주어야 비로소 배려와 사랑이 시작된다. 내가 가족에게 바로 원숭이 모모였던 셈이다. 이렇게 하면 이렇게 반응하겠지, 저렇게 하면 그렇게 행동해야 맞지 라고 내가 판단하고 생각한 방향대로 미리 자녀들의 행동을 결정지었다.

나와 이어진 가족 관계는 서로를 향해 끊임없는 사랑과 관심을 가져야 하지만 가장 마음 편한 장소이기도 하기에 나의 치부를 보여줄 수밖에 없는 그런 사이다.

문요한 정신과 의사는 그의 책 『관계를 읽는 시간』에서 애착손상이라는 구멍은 메꿔야 한다. 갈등을 하지 않는 것보다 갈등이 일어났을 때 갈등을 회복하는 갈등회복력이 중요하다. 솔직하게 표현하는 방법을 알아가는 것이 중요하다고 말한다.

감사한 것은 아이들이 반응을 보여줬기 때문에 비로소 부족함을 깨닫고 고칠 기회를 얻었다. 아무 일 없는 듯 그대로 묻혀 흘러가 버렸다면 내가 얼마나 부족한 사람이었는지 알지 못했을 것이다. 아이들의 내면의 고통도 모른 채 잘난 척 착각했을 터였다. 자녀들과의 애착과 신뢰 관계에 대해 더 고민하는 시간이 되어 주었다.

전문가들은 애착손상에 대한 문제를 치유하도록 연습하라고 권유한다. 자기 효능감, 자존감을 높이는 여러 방법들이 있다고 제시한다. 때로는 그 사실을 자녀와 솔직하게 나누라고 조언하는 전문가도 있다. 한참 아이들과의 문제가 발생했을 때 나도 상담을 한 적이 있다. 내가 내 부모와의 애착 문제를 상담사에게 이야기하자 내게 이렇게 말했다.

"당신은 이제 아이들의 부모가 됐으니 거기에서 벗어나 부모답게 행동하라"

당시는 서운했지만 그 상담사의 말이 맞았다. 부모가 된 내가, 내가 받은 과거의 영향으로부터 자유함을 획득해야 진정한 부모가 되는 것이다. 동시에 자녀를 통해 부모의 마음 그릇을 더 크게 키우는 기회가 되는 것이다.

결국 내가 나를 치유하는 사랑이 자녀를 통해 기회가 되어 내 안에서 회복되고, 자녀들에게도 영향을 미칠 수 있을 거라는 믿음을 갖는다. 이제껏 가족 관계 안에서 빚어온 갈등을 단번에 치유할 수는 없지만 내 실수를 인정하는 진솔한 모습과 행동을 보여주는 엄마가 되리라.

아이의 감정을 존중하고 정서적 교감을 중요하게 여기며 아이의 독립성을 존중하며 스스로 해결방법을 찾도록 하는 감정 코치형 부모가 이제 되어보리라. 그렇게 나는 자녀들에게 사랑하는 방법을 제대로 배우고 있다.

06

가족 간의 소통 단절을 막으려면

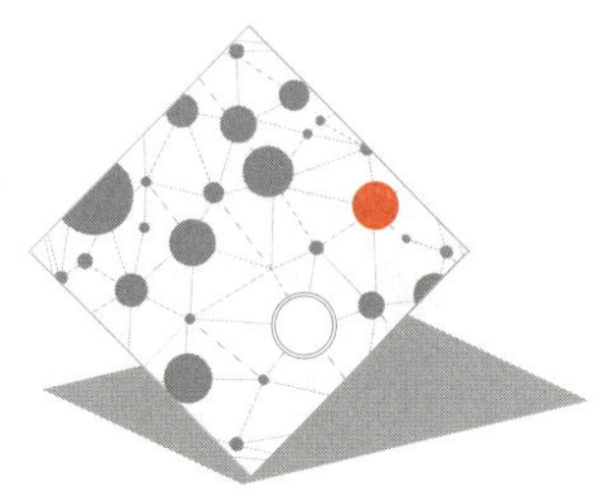

옛말에 '보금자리 사랑할 줄 모르는 새는 없다'라는 말이 있다. 가정이 따스한 보금자리가 되고 가족이 더없이 소중하게 생각되는 말이다. 그런데 어떻게 사랑하고 어떤 방법으로 소중히 여겨야 할까? 나와 가족이 있는 그 장소가 얼마만큼 사랑스러운 모습으로 존재하고 있는지 생각하지 않을 수 없다.

매일 마주치는 가족들이라도 말로 다 표현하지 못할 것들이 있다. 말하지 않아도 다 알겠지 하며 표현을 하지 않거나, 괜히 말했다가 본전도 못 건질 것 같은 주제도 있다. 타인과는 할 수 있는 대화라도 가족 간에는 삼가야 할 것들을 마주하곤 한다. 꾹 참고 때를 기다려야 하는 그런 것들이 많다.

❀ 자녀 : "나를 제발 내버려둬" 라는 반응에 "너는 내가 말만 하자고 하면 짜
　　증을 내더라" 가 먼저 나오려 할 때,

부모: "그래 알았어. 혼자서 생각할 시간이 필요하구나" 는 어떨까?

❀ 자녀 : "나는 엉망이야" 라는 반응에 "내가 너를 얼마나 애지중지 키웠는
　　　데 그렇게밖에 생각을 못하니?"가 입에서 나오려고 할 때,
　　부모 : "그래 그렇구나. 너의 생각을 존중해. 그렇지만 내가 볼 때, 너는
　　　　너 자신이 생각하는 것처럼 그렇게 엉망이진 않아. 나에겐 참 멋지
　　　　거든. 그건 사실이야" 는 어떨까?

❀ 자녀 : "나는 지금 하고 싶은 게 없어" 라는 반응에 "내일이라도 당장 진로
　　　코칭이라도 좀 받자. 그렇게 의욕이 없어서야 쯧!" 이 입에서 나오
　　　려고 할 때,
　　부모 : "그래 그렇구나. 네가 하고 싶은 것이 생기길 바랄게. 항상 너를 응
　　　　원할게" 는 어떨까?

❀ 자녀 : "나는 공부보다 게임을 자주 하고 싶어" 라는 반응에 "아휴 정말 짜
　　　증 나. 종일 게임이나 하고 있으면 뭐가 되겠어? 응?"이 입에서 나
　　　오려고 할 때,
　　부모 : "그렇구나. 그것 이외에 다른 것을 찾지 않는 너를 볼 때 답답해 보
　　　　이지만, 네가 그렇게 느끼지 않는다면 할 수 없지"라며 게임으로 인
　　　　한 악영향을 스스로 깨닫게 되기를 응원하면 어떨까?

❀ 자녀 : "나는 내 방에서 나가고 싶지 않아, 가족과 소통하고 싶지도 않고"
　　　라는 반응에 "도대체 무엇때문에 그러는 건데 응? 아휴!"라는 말이

3장 가족의 관계 레시피를 새롭게

입에서 나오려고 할 때,

부모 : "너를 비난할 생각은 없어. 단지 네가 왜 방에서 나오고 싶지 않은지 그 이유를 더 자세히 알면 엄마도 너를 이해하는 데 도움이 될 수 있을 것 같아. 엄마는 네 편이 되고 싶어. 그동안 너를 공감해 주지 못한 것에 대해 매우 미안한 생각을 가지고 있단다. 네가 내 사과를 받아준다면 너에게 나의 잘못들을 사과하고 싶구나. 그리고 너의 몸과 생각의 상태를 좀 더 자세히 알고 너를 이해해주고 싶을 뿐이야. 단지 그것뿐이야. 내가 너를 어쩌겠니? 너는 많이 성장했고 이제 너에게 엄마의 조언은 많은 영향력을 잃었다고 생각해, 너의 생각을 많이 존중하고 싶어, 그냥 너를 이해하고 공감하고 싶단다." 는 어떨까?

내가 중년을 지나 갱년기 증상이 올 무렵, 자녀들도 사춘기를 맞았다. 그들의 끝도 없는 반항에 나는 망연자실했다. 무엇이 문제인지 몰라 어리둥절했다. '그래도 나 어린 시절에는 이 정도까진 아니었는데'를 반복하며 충돌했다.

그때 나는 그동안 자녀들의 입장에서 그들의 생각과 감정을 이해하고, 그들의 행동에 잘 반응하는 부모였어야 한다는 사실, 그리고 수많은 실수 가운데 반성이 필요하다는 사실조차 자각하지 못했다. 잘 웃고 자랐던 아이들은 실은 더 세심한 부모의 배려가 필요했다는 것을 깨닫지 못했던 것이다.

대개 사람이 자기 문제에 빠져 있으면 주변 상황이 잘 보이지 않는다. 특히 부부 사이 불화를 겪거나 자녀보다 더 긴급한 문제에 부부가

관계에 대하여

빠져 있었다면 이제라도 자녀에게 안정된 보금자리를 제공해주기 위해 더 많은 노력을 기울여야 한다.

자녀의 자아 형성은 부모로부터 받은 영향력이 지대하게 반영된다. 불안과 분노를 조절하는 법, 좌절과 실망을 해결하는 창의적 사고, 자존감과 또래와의 관계 형성, 회복 탄력성은 부모로부터 영향을 받는다. 무엇보다 가장 중요한 시기는 지금이기에 만약 지금까지 그렇지 못했더라도 노력 여하에 따라 단절은 사라지고 소통을 높여갈 수 있다. 다음과 같은 버킷리스트 실천을 통해 기적을 시작해보라.

❀ 서로에게 감사한 것 100개 적기

"성실한 남편에게 감사"

"열심히 살고 있는 아내에게 감사" "잘 살아내기 위해 노력하는 딸에게 감사" "깊은 공감력을 가진 아들에게 감사"

❀ 가족의 장점 100개 찾아 적기

"남편, 당신은 하수구가 막혔을 때, 전등이나 컴퓨터가 고장 났을 때, 잘 고쳐서 대견해"

"딸, 너는 악세사리 같은 작은 소품을 잘 고쳐. 세밀한 작업을 정말 잘해"

"아들, 너는 깊은 내면을 지니고 있어. 타인의 의견에 가치있는 조언을 정말 잘해"

❀ 가족 각자에게 듣고 싶은 말을 적고 공유하기

아내가 남편에게 듣고 싶은 말 "부디 나의 부족함을 이해하고 서로 다정하게 지냅시다"

남편이 아내에게 듣고 싶은 말 "당신은 많은 장점을 지닌 좋은 사람이예요"

부모가 딸에게 듣고 싶은 말 "부모님은 존경할 만한 부분이 많아. 내가 어려서 그 점을 잘 몰랐어. "

딸이 부모에게 듣고 싶은 말 "엄마 아빠는 네가 하는 일을 응원해"

부모가 아들에게 듣고 싶은 말 "부모님이 계서서 살아가는 데 큰 힘이 돼요"

아들이 부모에게 듣고 싶은 말 "엄마 아빠는 아들이 잘하리라고 믿어"

그렇지만 우리는 노력해도 여전히 힘들 것이며 완전한 소통이란 없다는 것을 너무도 잘 안다. 그러나 조금 덜 힘들게, 조금 더 부드럽게 서로에게 다가가는 노력은 발전이자 곧 각자에게 성숙이라는 큰 선물을 안겨줄 것이다. 어쩌면 운명처럼 한 가족이 되어 각자가 더 성숙한 인격이 되기 위한 연마의 역할을 도맡고 있는지도 모른다.

사람마다 가진 특유의 뾰족한 감정선, 좋고 싫음의 분명함이 주는 또 다른 이기성, 자신에게는 잘못이 없다고 여기는 교만함 등등 그것들을 깎아버리고 새 인격이 되는데는 가족 구성원이 충분히 필요하며 서로 도움이 된다는 그 인식에서부터 새롭게 가족에게 무한한 감사함을 느끼면 어떨까?

그럼에도 우리는 무한 반복될 것만 같은 여러 문제에 노출되어 있다. 외출하고 돌아와도 각 방의 문이 열리지 않을 때, 누군가를 탓하기보다

관계에 대하여

소통의 부재가 서러움으로 느껴지는 그런 일들 속에서 어디서부터 소통이 끊어졌고 어디까지 수용할 것인지 명확히 알고 가족 간 소통과 단절의 적절한 균형을 찾아가야 한다.

어떤 사람들은 자녀들과 소통을 잘한다. 그들은 서로 자발적인 모습을 보인다. 부모는 때론 이웃처럼 편하게 대하며 특별히 뭘 가르치려 들지 않는다. 멀리서 들려오는 전화 속에도 서로 간 격려와 피드백이 오간다. 그런데 왜 어떤 사람들은 그게 안 될까? 서로에 대한 미움, 실망, 분노가 점철되어 살아온 흔적들이 마음에 알알이 박혀서일까? 이제 온전한 마음으로 거듭나야겠다는 생각이 필요할 때인지도 모른다.

내가 상처받은 만큼 돌려주는 것이 아니라 소통의 길잡이가 되어야 한다. 가족 간에 받은 상처와 여러 트라우마에서 자유롭지 못할지라도 나로 인해 상처받은 사람들을 생각하며 '퉁' 칠 수 있어야 한다. 좋든 싫든 서로에게 주거니 받거니 하기 때문이다.

아쉽게도 우리의 뇌는 그리 영리하지 못하다. 상처는 오래 기억하고 감사는 가볍게 스치듯 한다. 그렇기 때문에 우리에게는 더 나아진 모습을 위해 늘 고민하고 노력하는지도 모른다.

가족 간 소통하고 싶은 간절한 마음을 가진 누군가가 자신의 역할을 고민하면서 출발을 하면 된다. 상처 입은 자신을 보듬고서 자녀가 장성해서 부모의 훈육을 벗어나는 것은 자녀의 탓이 아닌 자연스러운 일임을 기억하며 지금이라도 늦지 않았다.

또 다른 가족, 배우자의 원 가정이 미치는 영향

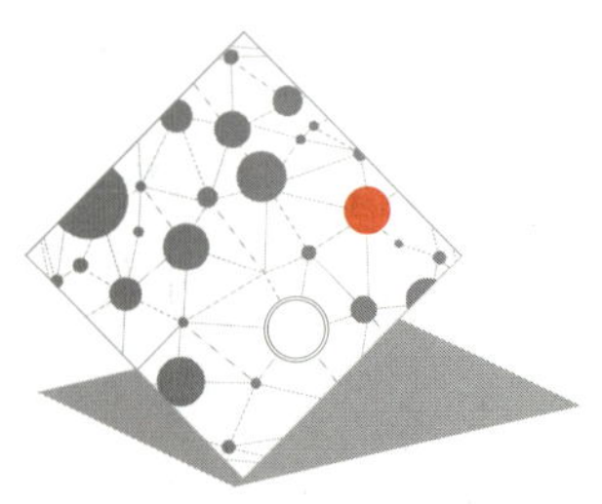

얼마 전 오랜만에 예전 함께 일했던 지인과 통화를 했다. 벌써 몇 개월 전 아들을 결혼시켰다고 했다. 올해는 유난히 여기저기 결혼 소식이 많이 들려온다. 누군가의 사돈이 된다는 것. 또 다른 가족의 일원이 되고 타인을 가족으로 받아들인다는 것은 어떤 기분일까? 그 역할을 잘 감당할 수 있을까? 자연스러움에 몸을 맡기면 되겠지 싶다.

그런데 사람들은 심심찮게 가족 간 어려움을 이야기하곤 한다. 그중 '고부간 갈등', '시월드' 라는 이름으로 친인척 관계를 어려운 그 무엇처럼 여기기도 한다.

드라마 속 이야기는 많이 과장되었고 실제는 좋은 관계를 위해 노력하면서도 미묘하게 피곤해하는 눈치다. "시댁에서 요리 재료를 잔뜩 주어서 신경이 쓰이네, 오늘 밤새 씻고 재우고 양념해야 돼" 라며 한숨 쉬는 지인, 명절 연휴에 "시누이들 챙기느라 힘들었어. 너무 자주 와. 휴!" 라고 말하는 어느 주부, 다 그런 건 아니겠지만 말이다.

나의 경우, 결혼 생활 이후 고부간 갈등이나 시월드는 크게 모르고 살았다. 바쁘게 살아서 서로 부딪칠 일도 많지 않았고, 비교적 왕래가 빈번하지 않은 가족 분위기 탓도 있다. 시부모님은 아껴주셨고 크게 실망한 적도 없다. 오히려 내가 죄송할 정도로 잘 해주셨다. 그러니 불만이 있을 리 없다. 그런데 그분들의 삶의 습관들이 종종 남편에게서 느껴지곤 한다. 서로 각자 자신의 부모에게서 받은 습관대로 같은 공간에서 함께 살아간다는 것은 어떤 의미가 있을까?

결혼의 일상생활 속에서 안 쓰는 물건은 버리자는 주장 대 물건 버리는 걸 어려워하는 태도가 서로 맞부딪쳤을 때의 답답함, 인사치레의 중요함 대 그렇지 않다라는 이유로 명절 때면 받는 스트레스들은 어디에 근원을 두고 있을까? 그리고 그것은 가족이라는 이름으로 시작될 때 모두에게 어떤 영향력을 행사하며 우리를 변화시켰을까?

서로의 의견이 맞부딪치고 고집을 꺾지 않는 상대방을 마주할 때마다 화가 솟는다. 자신이 배우고 익힌 사고방식으로는 도저히 받아들일 수 없어 답답증이 올라온다. 달라도 너무 다르다고 느끼는 절망감으로 겉도는 시간이 많아진다. 잘 소통하는 것, 서로의 다름을 이해하고 존중하는 것은 그저 이론뿐이거나 타인의 이야기로만 생각될 때도 있다.

그러다 보니 문득 배우자와 관련된 모든 것, 배우자의 원 가정 문제도 고민으로 다가오는 때가 있다. 아마 기억이 희미해지지 않는다면 우리는 미칠지도 모른다. 그렇게 미완성된 여러 고민과 상황을 마음 안에 접고 접은 순간들이 내 얼굴의 주름살일지도.

결혼은 여자와 남자 두 사람의 만남으로 시작되지만, 자세히 들여다 보면 그들이 살아온 환경과 연결된 모든 관계와 결혼하는 것인지도 모른다. 어느 쪽은 사촌과 팔촌까지 별별 일까지 다 관계 맺으며 살아왔을 수도 있고, 다른 쪽은 조용한 집안 분위기였다면 서로는 어떤 영향을 주고받을까? 가족 관계의 소란스러움과 고요함 어디쯤에서 둘 다 혼란스러울지 모른다. 이보다 훨씬 더 복잡하고 미묘하게 얽힌 원 가정을 가진 두 사람이 만나 결혼했을 수도 있다. 그렇게 시간을 견디고 머나먼 길을 돌아온 후에야 서로의 다른 점에서 점점 장점을 발견하게 된다.

"이거 내가 3년 보관했는데 한 번도 안 꺼내 쓰던데 어떻게 할까요?"
"그래 그럼 버리지 뭐"
"집안끼리 조용하니 말썽이 생길 일이 없어서 좋네요"
"그래도 명절에는 친지를 찾아뵙고 인사하는 게 나은 것 같아"

때로는 배우자 각자가 서로의 원 가정에서 해소하지 못한 트라우마를 배우자에게서 받아들이고 수용해야 한다. 원 가정에서 충분히 받지 못한 안정감, 칭찬과 격려, 따뜻한 존중의 경험을 배우자가 대신 보상해 주어야 한다. 이건 일방을 위한 것이 아니라 서로를 위해 필요한 일이다. 신체 어느 일부가 아프면 다른 곳에서도 힘을 소모하듯 부부도 역시 마찬가지다. 서로가 이해하며 지지해 주어야 할 이유가 여기에 있다. 서로를 긍정의 눈으로 바라봐야 할 이유이기도 하다. 나도 모르는 사이 내가 가진 원 가정의 아픔과 어두움을 내 배우자에게 고스란히 전달하기도 하기 때문이다.

관계에 대하여

그렇다고 서로에게 미치는 원 가정의 좋은 영향을 받지 않는 것은 결코 아니다. 생각해보라. 내 배우자의 장점은 어디에서 왔는지, 성실함과 일관성 있는 태도, 여러 유능함들, 나에게 없는 매력들은 모두 원 가정의 노하우와 습관에서 온 것이다.

그런 만큼 나 또한 내 자녀들이 인연 맺을 또 다른 가족이고 원 가정이 될 것이다. 누군가와의 인연과 관계를 맺어가는 것은 설레기도 하고 두렵기도 하다. 자녀들이 당장 자신의 반려자가 될 사람을 데려온다고 하면 어떻게 할까? 나보다 더 진중한 남편을 바라보며 어떻게 하지? 라는 눈빛을 보낼 것이다.

시대의 흐름에 맞춰 살다 보니, 아는 사람 한 사람도 없는 도시 한복판에서 오로지 우리 가족만 살며 성장해온 내 자녀들이 사람들의 온정을 언제 느꼈을지, 이웃의 소중함을 배울 기회가 있었던가? 먼 친척이든 가까운 친척이든 피를 나눈 소박한 나눔의 문화를 경험하지 못한 세대에게 우리 부부가 그들의 원가정이라니 부족할 수밖에 없다.

그럼에도 불구하고 우리는 누군가의 가족의 일원으로 남기를 바라야 한다. 나는 누군가의 부모로, 누군가의 조모와 조부로서 말이다. 내가 지대한 영향을 미치는 존재임을 잊지 않는 것이 내가 가진 가치이자 사명이다.

나는 또 다른 가족의 가족이 되기 위해 열린 마음, 좋은 습관, 선한 영향력을 끼칠 수 있는 알찬 존재가 되기 위해 노력해야 한다. 돈이 충분하다면 선의를 베풀 줄 알고, 그렇지 않더라도 시간과 마음의 여유를 내서 함께 소통하면서 즐거움도 나눌 수 있어야 한다. 작고 소박한 것이라도 적당한 때에 나누는 정서를 미리 비축해두자.

가족 내, 나의 포지셔닝을 명확히 하라

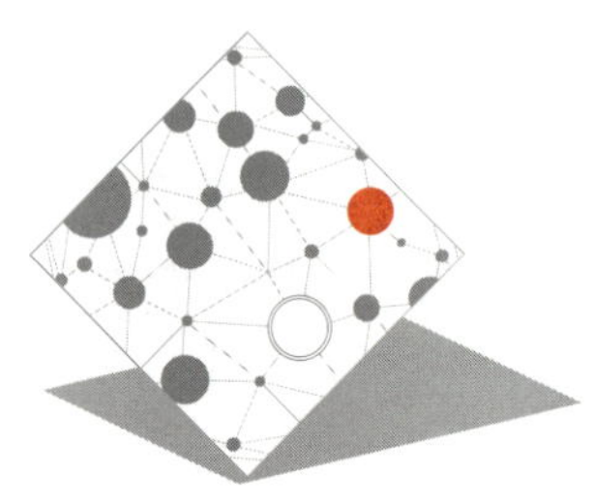

아직도 잊히지 않는 오랜 기억 하나가 있다. 어느 날 사무실에 50대 정도로 보이는 엄마와 청년인 아들 모자(母子)가 함께 앉아있었다. 이 둘은 간혹 무슨 말을 주고받으며 자주 입맞춤을 했다. 모자간 애정이라면 어쩔 수 없지만 보기에 불편한 뭔가가 있었다.

여러 심리전문가들의 연구 자료에 의하면, 부모 역할의 부재나 불균형에서 오는 역기능들이 자녀에게 그대로 투영된다는 임상 심리 분석 자료들이 많다. 자녀 앞에서 남편이나 아내를 헐뜯는 것, 자녀가 어느 한쪽의 부모 편이 되어 부모 역할을 대신하는 일들이 지속되면 어떻게 될까?

자녀는 어떠한 경우라도 부부 양쪽의 보호와 양육이 선행되어야 한다. 그렇지 못할 때 자녀의 생각은 깨지고 무너진다. 양쪽 부부 모두 자녀의 부모이기 때문이다. 이런 과정이 기형적으로 바뀌면 건강한 자존감이 형성되기 어렵고 내면이 안정되지 못한다.

그런데 때로는 아버지 또는 어머니의 부재가 있거나 양쪽 부모 모두의 부재를 겪고 있는 가족을 본다. 그렇기에 가정 내에서 균형 있는 열린 역할과 올바른 방향성을 고민해야 한다. 아내로서, 엄마로서, 그리고 누군가의 자녀로서 또 그 누군가의 형제자매에 이르기까지 나에게 펼쳐진 역할과 맡겨진 관계를 자연스럽게 여기며 어떠한 모습으로 만들어갈지 말이다.

청소년의 행복에 대해, 형제자매의 상호작용이 미치는 영향을 분석한 논문이 있다. 형제자매가 많을수록, 상호작용이 증가할수록 청소년의 삶의 만족도가 증가한다는 것이다. 다만, 동생보다는 형이나 누나의 존재가 더 중요하다. 그리고 형제자매 간 상호작용 중 의사소통(특히 함께 보내는 시간)은 행복과 밀접한 관련이 있는 것으로 나타났다

간혹 자신이 맡은 가족의 역할에 대해 당연하게 여기는 주변의 태도 때문에 벗어나고 싶은 충동을 느끼기도 한다. 누구는 장남, 장녀라서 참아야 하고, 또 누군가는 막내라서 감수해야 하는 것들 속에서 삐딱하게 굴기도 한다.

맏이는 부모의 많은 기대에도 불구하고 기대 편차는 심한 것 같다. 그들의 성장 동기는 부모의 바른 역할에서 많은 영향을 받는다. 이렇듯 가족 내에서의 역할이 여러 갈등과 성장 요소로 작용한다. 언젠가는 복잡한 가족 관계를 해결할 수 있는 능력도 갖추게 된다.

역할을 감당하는 시간을 견뎌낸다면 자신도 성장할 기회를 잡는다. 더 긍정적인 변화를 이끄는 것이다. 현재 나는 가족 내에서 어떠한 포지션을 취하고 있는가? 가장으로서, 아내로서, 누군가의 자녀로서 나는 어떤 모습일까?

해리할로우 박사(1905)의 원숭이 애착 실험에는 딱딱한 철사로 만든 어미 모형의 모습과 부드럽고 따듯한 헝겊으로 감싼 어미 모형의 실험 내용이 나온다. 아기원숭이는 거의 모든 시간을 부드럽고 따뜻한 헝겊으로 감싼 어미 모형에서 시간을 보냈다. 그렇지만 아기 원숭이는 모유가 있는 철사 어미에게도 가야 했고, 부드러운 어미 모형에게도 가야 했다. 그렇듯 우리 사람에게 완전한 모습이란 없다. 어떤 위치에 있든 마찬가지이다. 다만 최선이 되기를 추구하고 노력할 뿐이다.

나는 너무 바쁜 엄마였다. 사회인으로 성공하는 것이 좋은 부모의 표본인 줄 착각할 때가 있었다. 그 착각은 깨졌고 아이들에게 부모는 24시간 돌봄이 필요한 존재라는 사실을 깨달았다. 경력단절녀이니 뭐니 하며 여성이 사회로 진출하지 않으면 마치 실패한 인생처럼 매도되는 사회 분위기에서 이제 벗어나는 용기도 필요하다. 또한 워킹맘 생활로 인한 고통도 만만치 않았다.

워킹맘 고통지수에 대한 조사에서 1000명 중 829명(83.0%)이 '육아와 직장을 병행하는 것이 힘들다'라고 응답했다. 맞벌이 가구의 가사 분담률을 조사했을 때, 부인이 전적으로 감당하거나 주로 감당하는 비율이 76.5%로 직장여성이 감당해야 하는 자녀 양육과 가사노동이 심각한 수준이라고 조사되었다.

조사 참가자들은 가족에게 부정적인 감정을 전달했다고 고백했다. 직장에서 경험하는 스트레스로 인해 부부싸움을 하거나 자녀에게 화를 내는 등 가족에게 부정적인 감정을 전달하는 경향이 있다고 밝혔다. "힘든 날 신랑한테 짜증을 내죠. -중략- 그런 짜증이 난 상태는 항상 청소가 안 되어 있어. 와서 뭔가를 해야 되거나 밥을 안 해놨다. (남편이) 일

관계에 대하여

찍 끝나면 밥을 해놔야지. 애들 먹일 밥을 안 해놓고 같이 놀고만 있다. 그러면 화가 나는 거죠." (참가자J)

반면 전업주부의 삶과 경험에 대한 현상학적 연구도 있다. 연구 주제 중 하나가 "'엄마'의 정체성으로 살아내기" 였다. 참여자들은 양육을 가장 중요한 과업으로 여기고 있었고 자연스럽게 접어든 엄마의 길을 잘 가고자 하는 의지와 현실 사이의 갈등과 불안, 그로 인한 시행착오의 경험을 했다. 이런 경험들 속에서 '좋은 엄마'가 되기 위해 현재의 삶에 내재하는 부정적 정서를 감내하며 살아가고 있었다.

중요한 건, 여러 어려움 앞에서 나의 가족 내 포지셔닝을 분명히 하고 결국 후회하지 않도록 하는 마음가짐을 가지는 것이다. 내가 어떤 사람이 되느냐는 각자의 몫이지만. 삶의 시선과 안목을 멀리 바라볼 수만 있다면, 내가 불평과 불만을 감사함과 기꺼운 마음으로 받아들일 수만 있다면, 자책과 후회 앞에서 돌이키는 용기를 낼 수 있다면 지금보다 삶은 풍요로워질 것이다.

4장

얽히고 섥힌 인간 관계, 공부가 필요하다

실수 없는 관계는 없다

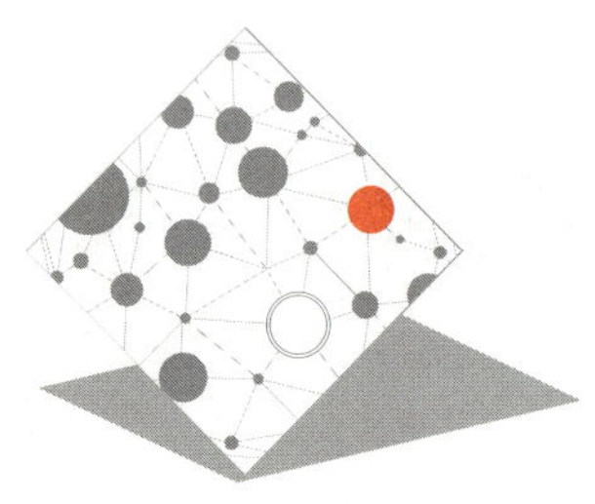

사람과의 관계에서 가장 많은 실수가 무엇일까? 무심코 던진 한 마디의 말이 실수가 될 수 있다. "말 한마디로 천 냥 빚을 갚는다"는 말이 있다. 그러나 반대로 생각해보면 한마디 말로 사람의 감정을 상하게 하거나 관계가 영원히 끊어지게 할 수도 있는 일이다. 인간관계에서 결코 빠질 수 없는 '말'. 그 말의 태도를 어떻게 해야 관계에서 실수를 줄일 수 있을까? 그리고 우리는 언제 말실수를 하고야 말까?

나 역시 말실수가 많았다. 대부분 감정이 격분되어 그 감정이 언어 끝에 매달려 상대방의 기분을 상하게 한다. 감정 조절의 중요성을 강조한 김수현 작가의 『기분이 태도가 되지 말자』에서는 가장 어리석은 사람은 '본인의 감정을 주체하지 못하고 그대로 드러내는 사람이다'라고 말한다. 그만큼 자신의 내면에 있는 감정을 조절하고 대화하는 것이 생각보다 어려울 때가 많다.

A: "제가 이 보고서 자료를 완성하느라 얼마나 고생했는데... 왜 제 자료가

　　누락이 되었죠?"

B: "죄송합니다. 아 그런데... 실수를 할 수도 있는 거지.. 왜 그렇게 화를 냅니

　　까? 뭐 저라고 빼먹고 싶어서 그랬겠어요? 바쁘니까 그런 거 아녜요?"

A의 말에 '화'가 실리니 그 감정이 화살처럼 B에게 날아가 빠르게 다시 A에게로 돌아와 버렸다. 이때 A는 어떻게 대처해야 할까? A는 B의 반응에 "내가 언제 목소리 높였냐"며 받아칠 것이다. B도 역시 지지 않고 상대를 탓하다가 말다툼으로 껄끄러운 관계에 놓일 것이다. 물론 겉으론 화해한 척하겠지만 훼손된 감정은 오래 기억될 것이다.

"제가 이 보고서를 만드느라 새벽잠 못 자고 진짜 열심히 만들었습니다. 그런데 자료가 빠진걸 보니 얼마나 마음이 속상하던지... 왜 그렇게 되었는지 빨리 수습 부탁드립니다. 다음에는 이런 일이 발생하지 않았으면 좋겠어요"라고 말했다면 어땠을까? 분명 상대방은 자신의 실수를 인정하고 더 진중한 사과를 했을 것이다. 왜 그런데 A는 그 순간 감정 조절을 못하고 말았을까?

나의 사회초년생 시절의 이야기다. 의도치 않는 결과에 나 역시 당황할 수밖에 없었다. 하지만 그 후로도 업무 때문에 상급부서 B와 자주 소통해야 했는데 아무래도 껄끄러운 마음만은 어쩔 수가 없었다. 쉽게 그 사람과 관계가 원만해질 것 같지 않았다. 수년이 흐른 뒤 내가 다른 지역으로 옮기고 새로운 사람들을 만나면서 기억은 희미해졌고 그 불편한 감정 꼬리표도 사라졌다. 그렇게 되기까지 시간이 오래 지나야 했다.

하지만 살다 보면 상대와 상황, 때와 장소에 맞게 자신의 불편한 감

정을 드러내야 할 일이 있고 꼭 필요한 순간도 있다. 다만 자신 안에 감정 스펙트럼을 선명하게 분별할 수 있을 때 그것이 선의가 되어 돌아온다. 그렇지 못하면 자신도 모르는 감정이 어디선가 불쑥 뛰어나와 상대와의 관계에 생채기를 내고 말 것이다.

우리는 살아가면서 다양한 사람들을 만난다. 불평은 다소 하지만 맡은 업무를 잘하는 사람, 일은 그저 그렇지만 살갑고 붙임성이 좋은 사람, 무뚝뚝하지만 성실한 사람, 고객이나 팀원과 충돌이 잦은 사람 등을 만날 수 있다. 여러분이 상사라면 어떤 부하직원을 더 곁에 두고 싶겠는가? 만약 친구라면? 그리고 동료라면 누구와 함께 있고 싶은가? 그리고 나는 어느 부류에 가까운 사람인가?

각자마다 각기 다른 장단점을 가지고 있어서 잣대로 완벽한 인간형을 찾기란 어렵다. 때와 장소에 따라 여러 실수를 줄이는 수밖에 없다. 나와 상대방의 장단점을 잘 이해하고 수용하면 더 균형 잡힌 인간관계가 형성될 것이다.

간혹 우리 주변에서 유독 사람에 대한 호불호가 강한 사람을 만날 때가 있다. 자신이 좋아하고 싫어하는 상대가 확실하다. 만약 싫어하는 타입이라도 만나면 그때부터 상대방을 흠잡기 시작한다. 아이러니하게 그랬다가도 언제 그랬냐는 듯이 그 흠잡던 상대방과 어느새 만나고 있는 것을 보면 어떻게 설명할 길이 없다.

혹시 '전략적 만남'인가? 그런 사람은 대개 자신이 보이지 않는 관계의 균형을 깨는 실수를 잘 깨닫지 못하는 것 같다. 왜냐하면 내가 보기에는 상대방을 흠잡던 사람도, 흠 잡히던 사람도 다 만나고 싶지 않아

관계에 대하여

진다. 보이지 않지만, 그들 관계의 불편감이 슬쩍 마음속에 들어와 버린 것은 어쩔 수 없으니까.

비슷한 이유로 사회생활에서 관계의 어려움이란 뜻밖의 곳에서 종종 발생하기도 한다. 믿었던 동료나 상사로부터 뒷담화로 까이거나 평가절하를 받을 때, 사람에 대한 불신이 밀려온다. 혹시 이런 상황이 발생한다면 자신을 향한 합리적 비판인지 사소한 험담인지 구분해야 한다. 만약 근거 없는 험담이라면 언젠가 조용히 수면 아래로 사라질 것이다. 대신 험담을 늘어놓았던 그 사람이 곤란한 상황에 놓이게 된다. 나는 그런 사례를 여러 차례 경험했다. 늘 주변인을 자신의 말거리 삼는 사람들은 언젠가 자신도 그렇게 악평을 받게 될 날이 온다.

그러나 실제로 자신이 고쳐야 할 점을 지적한 평가였다면 주변의 말을 귀담아듣고 힘들지만 견디며 현명하게 대처해야 한다. 영국의 수상이었던 윈스턴 처칠은 '수긍이 가지 않는 비판일 수 있지만, 비판은 필요하다. 이것은 몸에 오는 통증과 같은 역할을 한다. 그것은 건강하지 못한 부분에 정신을 집중하게 한다'라고 말했다. 이처럼 통증 같은 타인의 비판을 이겨내는 방법은 정신을 집중해 자기 안에서 찾아보고 보완하는 겸손한 자세를 취할 수 있을 때이다.

살다 보면 인간관계에서 때로는 상대방의 실수가 원인이 되어 관계가 흔들릴 때가 있다. 그때마다 무 자르듯 관계를 끝낼 수도 없는 일, 그렇기 때문에 사람과 관계에 대해 이해가 없으면 관계 자체가 불신으로 느껴지는 감정에서 벗어날 수 없다. 때로는 자신 안에 어떤 오류를 모른 채 타인의 탓으로 돌리기도 하기 한다.

나는 날마다 출근하는 직장에서 가끔 허전하달까. 뭔가 부족하달까 하는 마음이 들곤 했다. 그건 아마 사람에 대한 삭막한 느낌에 가까웠다. 마음속에 묵직한 아쉬움 때문에 일터가 그리 즐겁지 않았다. 그러던 중 언젠가 나는 우연히 "일로 만난 사이는 일이 끝나면 관계도 끝난다. 더 친밀한 관계로 발전되지 않는다고 아쉬워할 것 없다. 원래 그런거다." 라는 문구가 확! 나에게 꽂혔다. 그 말을 듣고 보니 일터는 본래 그런 당연한 원리가 있는 곳인데 이제껏 몰랐다니, 지금 돌이켜 보면 동료들과 좀 더 경쾌하게 지낼 수 있었는데... 오랜 시간 나는 일터에서 동료 그 이상의 관계를 바라는 실수를 한 셈이다.

❀ 타인의 뒷담화를 하지 마라. 보이지 않는 관계의 균형을 깨드리는 일이다.

❀ 관계가 끊어졌다면 애써 돌아보지 마라. 새로운 만남으로 나아가지 못하게 한다.

❀ 감정 섞인 말보다 꾹 다문 입술이 당신을 지켜줄 것이다.

살다 보면 실수 없는 관계는 없다. 사는 내내 만남과 헤어짐은 수시로 교차한다. 만약 아무리 애써도 본의 아니게 관계가 끊어진다면 아쉬움은 뒤로 하고, 새로운 만남을 위해 앞으로 나아가야 한다. 혹시 누군가 자신에게 감정이나 명예, 금전에 상처를 입혔던 관계라면 가슴에 묻지 말고 뒤로 보내버려라. 다시는 자신을 그런 일에 발붙이지 못하게 하라.

결국, 인간관계로 인해 발생할 수 있는 예측 가능한 실수는 최대한 줄여야 한다. 다만 예기치 못한 실수는 늘 누구에게나 있게 마련이다.

관계에 대하여

그러니 평소 유연한 마음 자세를 갖되, 실수에 대한 경계를 늦춰서는
안 된다.

인간관계 공부의 끝은 없다

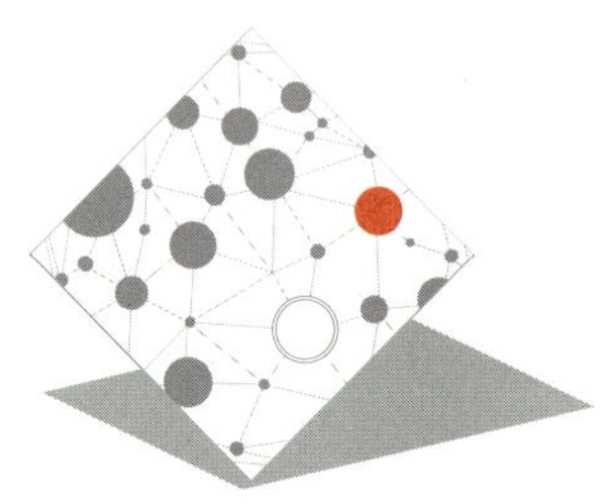

"**네**가 시방 가시방석처럼 여기는 너의 앉은 그 자리가 바로 꽃자리 니라." 이 말은 구상 시인의 '꽃자리'라는 시의 일부이다. 때때로 힘들 어서 도망치고 싶은 순간에 우리는 어떻게 내 자리를 꽃자리로 만들 수 있을까. 지금 혹시 자신을 둘러싼 모든 관계에서 숨이 막히고 날마다 끌려다니는 기분이 든다면 그 이유는 무엇이며 혹시 그것을 해결할 다 른 방법은 없을까?

"아휴, 그 팀장과 근무하기 정말 힘들었어. 앞뒤 모습이 다른 느낌? 사람들 은 그를 인생에서 한 번 만날까 말까 한 사람이라고 수군거렸지. 굉장히 유 능한 팀장이긴 했어. 그런데 직원들은 그에게 불만이 가득했어. 앞에서야 언제 그랬냐는 듯 웃지만... 가뜩이나 일도 힘든데 업무 긴장도가 너무 높았 어. 팀원들도 자주 바뀌고, 어휴! 그때 나도 다른 곳으로 얼마나 뜨고 싶었던 지..."

어느 날 지인이 한숨을 쉬며 자신의 과거 이야기를 했다. 그 팀장은 왜 사람들의 불만을 자극했을까? 혹시 부하직원의 실수를 지나치게 몰아붙였던 걸까? 안타깝게도 인심을 잃은 사람. 사람들이 그를 존경하는 것 같지만 실제는 진심 없는 가식이 때로는 우리 사이의 삶의 질을 갉아 먹는다.

나의 경우, 많은 것을 깨닫게 해준 몇 년 동안의 쓴 경험이 있다. 직장에서 있었던 일이다. 오전 팀별 조회 때만 되면 긴장감에 팽팽하게 터질 것 같은 시간을 맞이하곤 했다. 팀장은 굳어진 얼굴로 간부 회의에서 전해 들은 여러 지적내용을 얘기하곤 했다.

그럴 때마다 이상하게도 내 마음속에는 팀장에 대한 존경심이 조금씩 사라져갔다. 더 열심히 일하고 싶은 마음보다 업무 긴장도는 올라가고 업무능률도 오르지 않았다. 점점 그의 지시가 불편하게만 느껴졌다. 당연히 팀장과 심리적 사이가 멀어지게 되니 팀장도 내 작은 실수를 그냥 넘어가지 않고 지적했다. 그게 싫어서라도 많은 사람이 겉으로 존경하는 척 아부를 하겠지. 적어도 내게는 그렇게 보였다. 뒤에서는 팀장을 불편해하면서도 앞에서는 안면을 싹 바꾸는 사람들을 보면서 말이다. 그렇게 해서라도 상사와의 심리적 거리를 멀어지지 않게 애써야 자신에게 편할 터였다. 그런데 나는 그러지 못했다. 그리고 업무 평가도 좋지 않았다.

결국 나는 다른 팀으로 발령 신청을 했다. 그런데 얼마 후 그 팀장이 내 팀의 팀장으로 오다니! 그동안 잦은 야근과 힘든 업무에도 일을 그만두고 싶은 생각은 한 번도 해보지 않았다. 그런데 이제 사람 하나 때문에 딱! 일을 그만두고 싶었다. 나는 주변으로부터 '팀 발령받은 지 얼마나 되었다고 휴직을 하느냐'는 강한 비난을 감수하면서 그 자리를 떠났다. 나에게 여전히 그 팀장의 업무 피드백은 불편하게 느껴졌고, 나는 그것을 오롯이 감당하지 못한 내 탓이 만든 결과였다. 솔직히 삶이 단단히 막혀버린 기분이었다. 위로를 받을 곳도 없었다.

그렇게 수 년 동안 내가 어디로 도망치듯 다른 곳으로 가더라도 내 자리는 가시방석처럼 느껴졌다. 실제로 그랬다. 내 자리 있는 곳에서 사람과의 관계를 원만히 하지 않으면 언제나 있을 수 있는 실수는 더 크게 확대되어 내게 돌아오고, 내가 잘하는 것은 누군가의 질투가 되어 돌아온다.

그간 부진했던 수 년 동안의 성적표 뒤에 그나마 승진의 결과가 찾아왔다. 그때 비로소 그 장소, 그 부서를 자연스럽게 축하받으며 떠날 수 있었다. 동료들은 나를 인정해 주기 시작했고 나도 많은 교훈을 배울 수 있었다. 나는 그 시간을 하늘이 나에게 다음과 같은 교훈을 주고 싶어서였을 거라고 믿는다.

비록 시간이 오래 걸리더라도 "지금 있는 너의 자리를 꽃자리로 만들지 못하면 어디를 가더라도 꽃자리는 없다"는 말은 곧 삶의 명령인 것이다.

'박수칠 때 떠나라' 라는 말 속에 깊은 지혜를 알게 되기까지 왜 그리 많은 시간과 수많은 시행착오를 경험해야 했을까? 관계의 악화를 불러오는, 같은 습관과 행동은 내가 나아가려는 행복한 삶의 문으로 나를 인도하는 것을 방해한다. 때로는 자신의 부족함을 배우고 견뎌내는 시

관계에 대하여

간을 통해 어렵지만 한 단계 더 높은 차원의 나를 발견하게 된다. 그리고 그곳에 나를 환영해 줄 사람들이 기다리고 있다.

이제 시간이 많이 지났으니 만약 그 팀장이 다시 내 상사가 된다고 하면 지금도 역시 어떻게든 피하고 싶을 것이다. 아무리 배우고 경험해도 내가 함께 하고 싶은 사람은 크게 달라지지 않는다. 어떠한 외부의 부정적 시각에도 '우리 팀만은 불안하지 않게 지켜줄 수 있는' 다정한 리더, 웃으며 '앞으로 잘하면 돼' 라고 더 잘하고 싶은 마음이 들도록 한마디로 '퉁'치는 깔끔한 리더가 더 많아졌으면 한다. 그 사람이 나 자신이고 우리이며 어디에 있든지 각자가 '인생의 주인공'으로서 인간관계 안에서 그 역할을 충실히 할 수 있을 때까지 공부의 끝은 없을 것이다.

"너의 부족함 뿐 아니라 다른 사람의 부족함까지 이해하라"
"늘 솔선수범하며 너그러운 지도자가 되어라 "
"인내를 통해 지금 있는 네 자리를 꽃자리로 만드는 방법을 공부하라"

이런 생각과 말들을 수시로 곱씹으며 달래다 보면 언젠가 내가 그처럼 되어 있을 것이다. 이것은 어떤 일을 진행하고 끝맺는 일, 어떤 자리를 옮겨 새로운 일을 결정하기 전 두려운 마음 앞에서 도움이 될 것이다.

내가 있는 현재 이 자리에서 진심으로 내 소명을 다했으며 더 할 일이 남아 있는 건 아닌지? 사람들과의 관계도 이제 맺고 끊어도 괜찮은지 고민될 때 '지금이 누구로부터든 박수칠 때인가'를 말이다.

인생은 사는 자체가 보이지 않는 삶의 수준 높은 등급을 알아가는 공부의 연속이다. 그중에서 가장 필요한 것이 인간관계 공부이다. 인간관계가 힘들 때는 마치 어두운 터널을 지나는 것 같아서 힘들지만, 그 시간을 성장의 시간으로 삼으며 인내와 긍정의 힘이 더해질 때 어두운 터널은 반드시 끝난다. 그리고 타인을 도울 수 있는 더 높은 단계로 도약할 수 있을 것이다.

관계에 대하여

사람을 통해 자아 성찰의 기회로 삼아라

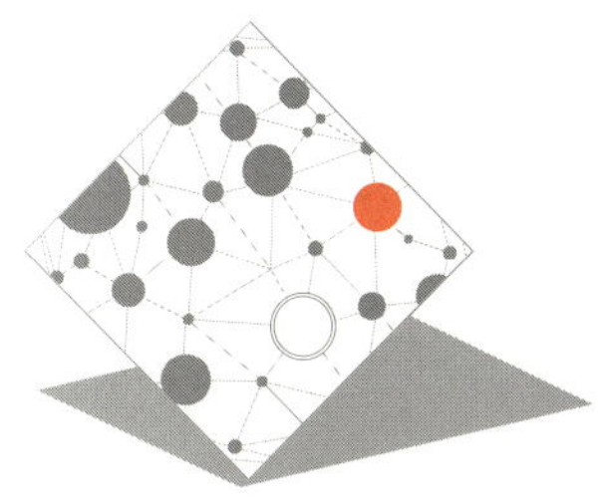

한여름 어느 평범한 주말 오후였다. 책을 보다가 후텁지근한 날씨 탓에 책을 내려놓고 방바닥에 그대로 드러누웠다. 창밖에는 무성한 나뭇잎 사이로 뜨거운 땡볕들이 아롱거렸다. 문득 내게 '오늘만 주어진다면 나는 무엇을 할 것인가?'라는 생각이 떠오른다. 이런저런 생각을 하다가 과거 친구들의 얼굴이 생각났다. 지금 그 친구들은 무엇을 하고 있을까? 잘 지내고 있을까? 순수한 시절 깊은 우정을 나누는데 서툴렀던 나의 모습이 불현듯 떠올랐다. 솔직한 감정 표현이 부족한 탓에 섭섭했던 순간을 잘 해결하지 못한 마음이 아쉽기만 하다. 작은 안부라도 챙기지 못했던 순간들이 씁쓸한 생각으로 다가온다. 지금이라도 그 친구들을 만나 진심으로 좋아했다고 다시 말할 수 있으면 좋으련만. 창 너머로 반짝이는 햇살처럼 그런 환한 순간들을 마주할 수 있을까?

정호승 시인의 '봄 길'이라는 시가 있다. '길이 끝나는 곳에서도 길이 있다. 길이 끝나는 곳에서도 길이 되는 사람이 있다. -중략- 스스로 사랑이 되어 한없이 봄 길을 걸어가는 사람이 있다.' 이 문구 속에는 마치 운명처럼 마주쳤던 수많은 만남과 관계에 대해 한없이 사랑으로 너그러운 사람으로 기억되고 싶은 마음이 느껴진다. 그러나 그게 어디 쉬운가? 혹시 방금까지 잘 작동하던 컴퓨터가 갑자기 동작을 멈춘다면, '리셋' 버튼 밖에 안 통할 때가 있다. 그러듯이 사람과의 사이에도 할 수 없이 멀어진 관계가 있다.

시간이 지나 가장 오래 기억에 남는 관계는 어떤 관계일까? 하루라도 보고 싶지 않았던 관계, 만나기만 하면 갈등이 생기는 관계, 보기만 해도 불편한 관계가 바로 그런 것이다. 혹시 그런 갈등 속에서 원인이 무엇인지 진지한 고민 없이 우선 불편하니까 무작정 관계를 끝낸 순간은 없었을까? 그리고 힘들어서 관계를 끝낸 것이 무조건 나쁜 것일까?

전문가들은 이렇게 인간관계 안에서 갈등이 생겼을 때 문제의 근본적인 원인을 찾아 해결하려는 노력을 하지 않는 것을 더 크게 지적한다. 그래서 사람과의 관계를 너무 쉽게 끊어버리고 새로운 만남을 찾는 현상을 '인간관계 리셋 증후군'이라고 부른다. 그러기에 우리가 갈등의 원인을 생각하고 그에 대처하는 것이 중요하다,

그런데 우리는 스스로 힘든 관계를 끊을 수 있었던 순간이 있고, 그럴 수 없는 순간도 있다. 가족인데도 자꾸만 어깃장이 나고 불화가 생겨 도저히 같은 공간에서 살기 힘든 상황이 발생되기도 하고, 나에게는 꼭 필요한 사람인데 이상하게 감정 충돌이 잦은 관계, 직장이나 일터에서 자꾸만 나를 무시하는 사람을 만난다면 어떨까? 이렇게 관계를 끊을 수 없는 상황일 때 답답함은 더해갈 것이다.

이에 전문가들은 상대방과 어려운 문제가 생겼을 경우 우선 그 문제의 발생 원인과 과정 등을 냉철하게 파악하고 이해하려는 노력과 자신의 생각과 감정이 적절하고 타당했는지 점검해보라고 조언한다. 자신과 타인의 의사소통 방식의 문제, 상대방의 입장을 고려하는 것에 대해 훈련하고 때에 따라 전문가의 도움이 필요하다는 것이다.

그런데 구체적으로 어떤 문제를 어떻게 해결해야 할까? 혹시 상대방의 입장보다 내 입장을 더 크게 생각하고 있지는 않은가? 혹시 나는 항상 옳고 너는 틀리다는 생각을 하고 있지는 않은가? 상대의 고민(의견)과 내 고민(의견)이 부딪치면 어떻게 대처하고 있는가?

나도 과거 그런 오류에 자주 빠졌었다. 오로지 내 의견, 내 생각이 맞다고 고집부린 적이 있었다. 그래서 번번이 가족, 타인과 갈등이 발생하는 요인이 되곤 했다. 그 태도는 마치 상대방을 향해 비난하거나 강요하는 것처럼 들리게 했다.

한 발짝 떨어져 상대방의 의견까지 생각하는 습관을 갖기까지 상당히 오래 걸렸다. 그렇듯 내게 까다롭게 엇갈리는 의견을 준 바로 그 수많은 관계가 결국 내 안의 오류들을 고치게 하는 도구가 된다.

또 상대방이 어째서인지 나를 배려하지 않고 무시하는 것 같을 때, 그런 시간에 끌려다닐 때 어떻게 대처하는가? 다시는 만나고 싶지 않지만 어쩔 수 없이 매일, 정기적으로 만나야 한다면 깊은 고민에 빠지게 될 것이다. 나도 오랫동안 이런 관계에 놓여 힘들었다. 그러나 결국 내가 변해야 한다. 왕도는 없다. 그리고 결국에 상대방이 나를 배려하도록 만들어야 한다.

사람의 생각 구조는 단순하다. 상대방의 배려를 유도하는 능력인 감정, 태도나 행동을 바꾸어 나가야 한다. 그렇지만 도저히 방법이 없을 때는 어떤 손해를 감수하고라도 관계를 끊을 수 있다면 끝내라고 말하고 싶다. 다음에 더 좋은 사람 만나면 된다고 훌훌 털자. 그러나 근본적인 원인을 찾아 자신 안에서 먼저 개선하지 않는다면 앞으로 비슷한 상황이 되풀이될 수 있다.

이번에는 예전보다 더 큰 갈등이 찾아와 해결방법을 요구할 것이다. 그러므로 "그 사람의 그 행동은 도저히 용납 못 하겠어"라며 용서하지 않는 것, "저 사람이 나를 골탕 먹여? 그래 한번 해보자는 거지?" 라며 복수하는 것, "너도 내가 힘들 때 안 도와줬잖아"라며 자주 갈등의 원인을 타인의 탓으로 돌리게 되면 발전은 없다. 앞으로 더 복잡한 문제를 가진 사람과 얽혀 자신의 처지가 역전될 수 있다.

"그래 사람의 모습은 다양하니까 이해하고 넘어가자"
"마음이 아프다. 뭐가 잘못된 걸까? 혹시 나에게 어떤 약점이 있는 건 아닐까?"
"너는 그랬어도 나는 그러지 말아야지" 라면 어떨까?

자신에게 원인을 찾기보다는 다른 사람들 탓을 하는 것이 처음에는 통쾌한 복수로 생각될 수 있어도 자신의 내면을 밝고 건강하게 해주는 자기 성찰의 기회는 줄어든다. 원망과 복수의 마음은 자신 내부에 일부러 냉정함의 성(城)을 짓는 일이다.

이러한 문제에 대해 전문가들은 자신의 성격적 특성, 해결 안 된 갈등과 상처, 의사소통 방식 등을 파악하고 개선시키는 기회를 잃게 되어

관계에 대하여

내적 성숙에 방해가 된다고 한다. 자주 직장을 옮기는 경우와 쉽게 결혼과 이혼을 반복하는 경우, 그리고 친구가 수시로 바뀌는 경우에 한번쯤 고려해 봐야 할 문제라는 것이다.

아무리 냉정한 사람이라도 헤어지고 나면 차츰 나쁜 기억보다 미안함의 감정이 더 생각나는 법이다. 만약 상대방을 원망하는 마음속에는 미안함이 동시에 느껴지기 마련이며, 이러한 이중 감정은 우리 심리 내부를 차츰 분열하게 한다. 생활과 태도에 일관성을 갖지 못하게 하는 방해요소가 된다. 만약 내일 지구가 멸망한다면 스피노자는 사과나무를 심겠다고 말했지만 대부분 사람들은 사랑하는 사람, 감사한 사람, 미안한 사람, 미련이 있는 사람을 떠올린다.

이렇듯 나에게 중요한 내가 만난 사람을 통해 우리는 어떻게든 불화보다 자아 성찰의 기회로 삼을 수 있어야한다. 왜 나는, 끝까지 응원해 줄 오랜 친구를 얻지 못했는가? 반대로 나는 그럴 수 있는가? 왜 나는, 가족의 응원을 받지 못했는가? 반대로 나는 그들을 진심으로 응원하고 있는가? 왜 나는, 직장 동료로부터 지지를 받지 못하며 평가가 저조했던가? 반대로 나는 누군가를 위해 희생하며 진심으로 도와줬던가? 라는 역지사지를 생각해 볼 일이다.

때로는 단맛보다 쓰디쓴 관계의 맛을 더 많이 맛보았더라도 사람을 통해 자신을 연마하고 성찰하며 자신이 진짜 무엇을 원하는지, 무슨 관계 속에서 더 행복한지 아는 것이 경험의 소중함이다.

✿ 어린 시절 우정은 영원하지 않다는 것

✿ 사람에게 연연할수록 번민은 더 커진다는 것

❀ 나뿐만 아니라 사람은 완벽하지 않다는 것

그렇게 쓴맛 같은 시간을 견디면 언제나 그렇듯 좋은 것들이 내게 온다.

❀ 지란지교나 관포지교 같은 뜨거운 우정이 없어도 살아갈 수 있다는 것
❀ 사람에 매이지 않는 자유로운 삶이 무엇인지 알게 된다는 것
❀ 무엇보다 자신을 성찰하고 변화시키는 기회가 된다는 것

이와 같이 살아가면서 수많은 관계 속에서 어려움을 기회로 여기며 좌절하지 않고 포기하지 않는다면 반드시 성장한다. 성장 후에는 어려움을 모르는 반짝였던 사람보다 어려움 속에 피어난 사람이 더 뚜렷한 관계의 눈을 가진다. 어두운 공간에서 밝은 쪽이 더 잘 보이듯이 고민과 성찰은 더 많은 사람의 마음을 읽을 수 있게 해준다.

사람과의 관계 안에서 수많은 배신과 좌절, 따돌림과 고통, 자기 반성적 시간들을 이겨내고 얻는 후에는 어떤 상황에서도 상대방의 보이지 않는 전파의 소리를 지혜롭게 처리해 내는 것이다. 사람과의 관계에서 얼마나 실패했느냐보다 그럼에도 불구하고 여기까지 잘 살아왔음에 감사하자. 지금 내 자리가 있기까지 얼마나 값진 시간이었는지 셈할 수조차 없는 지워지지 않는 진한 스토리라는 성찰의 기회로 삼자. 당신에게 오늘만 주어진다면 당신은 무엇을 할 것인가?

관계에 대하여

2% 부족한 사회관계의 답은 내 안에서 찾아라

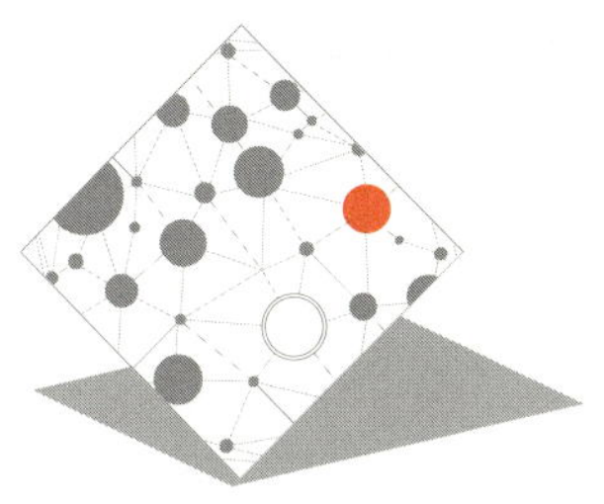

얼마 전 ㅅ대학원에서 열린 명사 초청 특강에 참석한 적이 있었다. 평소 이벤트성 행사는 별로 좋아하지 않는 편이어서 별 기대 없이 대학원 동기 권유가 있었기에 참석한 자리였다. 『야, 너두 할 수 있어』의 작가이자 주식회사 야나두 김민철 대표의 강의였다. 그런데 기대와 달리 시간이 지날수록 "100% 성공이야 너도 할 수 있어"라며 원씽, 몰입, 그릿 원칙을 외치는 김민철 대표의 강의에 어느새 푹 빠지고 있었다.

그는 특히 오타니 쇼헤이라는 세계적인 야구선수 이야기를 하며 그가 인생에서 어떻게 positive한 징후를 만들어냈는지 '오타니 쇼헤이s 만다라트표'를 예로 들며, 김민철 대표도 만다라트표를 만들면서 기막힌 광고 문구와 홍보 전략을 만들 수 있었다고 한다. 이 만다라트표는 '나 이해하기' 프로그램에도 많이 이용되고 있다.

오타니 이야기에 감동받은 나는 그의 만다라트표를 더 자세히 알고 싶은 마음이 생겼다. 확인해 보니, 그는 야구선수로서 경력과 함께 그의 연봉도 화려했다. 일본 국적의 로스앤젤레스 다저스 소속 야구선수이며 포지션은 선발 투수 겸 지명타자로 투타 겸업 선수였다. 그는 메이저리그 역사상 최초의 2회 만장일치 MVP 수상자이기도 했다. 어떻게 그런 명성과 성과를 가능하게 했을까? 그는 이미 어릴 때 '자신의 만다라트표'를 완성해서 실천으로 옮겼다고 한다.

오타니 쇼헤이는 최고가 되기 위해서 '제구' '구위' '스피드' '변화구' '인간성' '멘탈' '몸만들기' 마지막으로 '운'을 채워 넣었다고 한다. '운'을 만들기 위해 그 하위 태도와 책읽기 등 8가지 행동을 더 채워 넣었다고 한다. 많은 사람들이 그에게 놀라는 이유는 '운'을 자신의 만다라트표에 넣었다는 점이다. 그저 운이 좋아지기만을 기다리는 게 아니라 적극적으로 긍정적 기운을 만들어간 것이다.

이렇듯 우리 역시 부족한 사회관계의 답을 찾기 위해 만다라트표를 적용해본다면 어떤 키워드로 완성할 수 있을까? 우선 가장 중앙에 들어갈 핵심키워드는 '원만한 사회관계 만들기'로 채우고, 그것을 둘러싼 8가지 빈칸에는 '가치관' '예의와 태도' '신용' '능력' '직업' '충분한 조언과 정보' '사랑' 그리고 마지막에 나를 이해하는 '강점강화, 약점보완' 같은 메타인지 요소를 넣어보면 어떨까?

흔히 우리는 막연한 불안감에 몸을 맡긴 채 하루하루를 살아가기도 한다. 내게 부족한 부분을 채우려 노력하기보다 내가 선택한 것들을 후회하고 자신 주변 사람들에게 탓을 돌리며 별 진전 없이 살아갈 때가 있다. 이상하게 관계가 꼬이고 흔들릴 때, 우리는 이때를 자신 스스로 가치관을 다시 찾고 재정립하는 시기로 채워야 한다. 때에 따라 필요한

관계에 대하여

예의와 태도의 모양을 생각해 보며, 평소 자신을 향한 신뢰가 쌓였는지 확인해보며, 성실함이 자신을 빛나게 해준다는 것을 스스로 믿는 인내의 시간을 가져야 할 때이다.

우리는 관계의 소용돌이 속에 있기도 하고, 때로는 사회관계를 더 촘촘히 갖기 위한 노력으로 분주할 때도 있다. 복잡한 관계에서 벗어나고 싶은 전자에 속하든, 효과적인 관계를 더 갖고자 노력하는 후자에 속하든 그것을 개선할 수 있는 답은 자신에게 있을 것이다.

나는 언젠가 이런 경험을 한 적이 있다. 그날은 아무 일정이 없는 날이었다. 조용히 이것저것 그동안 하지 못한 일들을 점검하기에 좋은 시간이었다. 문득 나는 지금 어떤 상태인가? 나는 나 자신을 얼마나 알고 있는지 먼저 나 자신을 알아야 하지 않나라는 생각이 들었다. 그러면서 나는 대인관계 안에서 내 성격 패턴과 강점, 약점들을 메모하며 나열해 가고 있었다.

지금은 과거보다 모든 면에서 좋아졌음에도 과거에 힘들었던 기억의 파편들이 떠올랐다. 그리고 내가 나이에 걸맞게 나이 들어가고 있는지 궁금해졌다. 그리고는 손거울을 가져와 내 모습을 응시해보았다. 그런데... 거울 속에 비친 내 모습을 보고 깜짝 놀랐다. 그 이유는 거울 속에 내가, 나를 향해 미움의 눈빛을 보내고 있는 것이 아닌가. 알 수 없는 증오심과 부끄러워하는 모습도 보였다. 그동안 날마다 거울을 통해 보아왔던 나와는 차원이 다른 나의 모습이었다.

그동안 누가 가면 속에 일부러 숨겨놓은 것처럼 볼 수 없었던 진짜 내 모습을 보았다. 그것은 이상한 경험이었다. 그 모습은 내면의 '진짜 내 모습'이라는 것이 본능적으로 깨달아졌다. 그러자 나도 모르게 눈물이 쏟아졌다. 그렇구나! 내가 나를 미워하며 무시하는데 누가 나를 귀하게 여긴단 말인가? 나 자신과 화해하지 못하면서 누구와 원만한 관계를 맺는단 말인가? 실제로 누군가 나를 만날 때마다 미워하는 눈빛으로 나를 째려본다고 상상해보라! 얼마나 괴로울까! 내가 내면의 나를 마주할 때마다 얼마나 괴로웠을까? 나는 이러한 경험을, '평소 의식하는 나'와 '또 다른 내가 내 안에 있었다'라고 할밖에 표현할 길이 없다.

우리는 평소 나를 진짜 사랑한다고 여긴다. 나도 그랬다. 그런데 내면의 진짜 모습은 아니었다. 착각이었다. 이 경험 후에 나 자신을 예전보다 더 적극적으로 표현할 수 있게 되었다고 믿는다. 항상 남이 바라보는 내 모습에 자신이 없었던 것은 사실이다. 혹시 누군가 나를 부정적으로 보지는 않을까? 늘 다른 사람의 평가가 두렵고 불안했다.

그러나 나를 확실히 바라본 그 경험 이후, 그런 불안에 덜 휘둘리게 되었다. 왜? 진짜 나를 봤으니까. 가짜 내 모습이 아니라 진짜 내 모습을 내가 바꿀 수 있다는 자신감이 생겼으니까. 우선 사람들의 평가와 시선에서 자유로우니 사람들과의 만남이 한결 자유로워졌다. 여유로운 모습을 상대방에게 보일 수가 있게 되었다.

이렇게 내 진짜 모습을 바라보게 된 이유가 무엇일까? 날마다 노트에 기록했던 감정 출석일기 때문일까? 아니면 만남을 쪼개고 분석하고 바라봤던 점검의 시간들 덕분일까? 예전에도 그런 것들을 많이 진행했지만 진짜 나를 만날 수 없었다. 그렇다면 무엇을 통해 진짜 내 모습을 바라보게 되었을까? 관계와 나 사이의 간격을 보는 눈이 새삼 생긴 것일까? 아마도 부족함을 아는 것. 그 부족함을 채우기 위한 마음 깊은 진짜

관계에 대하여

나를 체험하지 않고는 결코 바꿀 수 없는 것이 아니었을까.

그동안 만났던 수많은 만남과 관계는 나에게 어떤 감정을 더 많이 갖게 했는가. 아니 우리는 어떤 감정을 더 민감하게 기억하고 있을까? 학령기를 지나 성인이 되기까지 수많은 만남 사이에 군데군데 유쾌하지 못했던 기분들이 있다. 우정이 깨지는 실망감, 신뢰를 느낄 수 없는 관계와 장소에서의 압박감은 일종의 자책과 패배의식을 가져다준다.

그렇지만 이제 우리는 그 실패감을 받아들이며 부끄러워하지 않는 모습으로 그동안 관계 안에서 배우고 깨닫고 다시 재도전하는 정서적 레시피를 갖추어야 한다. 이제 새롭게 균형 잡힌 관계 탄력성을 가져야 한다.

"사랑은 무엇보다도 자기 자신을 아는 것이다" - 갈릴레오 갈릴레이

그렇다. 사랑은 멀리 있지 않고 자신을 먼저 이해하고 존중하는 데서부터 시작한다. 너무 많은 것을 성취하려고 발버둥 치지 않는 것. 과도한 부와 명예를 달성하려고 달음질하다 보면 나를 존중하는 자기를 잃어버릴 수도 있다. 그런 나를 잃어버린다면 겉으로만 타인을 존중하는 겉치레가 다 무슨 소용인가! 내 안에서 답을 찾을 때 부족한 사회관계의 답은 자연스럽게 찾을 수 있을 것이다.

4장 얽히고 섥힌 관계 풀기

인간관계 놀이처럼 즐겨라

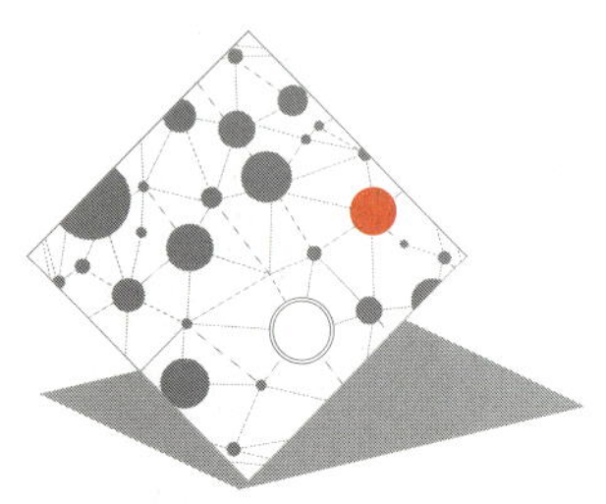

"**피**할 수 없다면 즐겨라"라는 이 말은 미국의 심장전문의 로버트 엘리엇의 인생 조언이다. 나는 직장 생활 20년을 거의 앞에 두고, 일종의 무기력에 시달리던 때가 있었다. 일도 관계도 활력이 느껴지지 않았다. 그러던 차에 회사에 종종 보험계약 건으로 찾아오던 FC 언니가 내게 로버트 엘리엇과 비슷한 말을 해주었다. 피할 수 없는 건 즐기라는 충고였다. 그녀는 위로를 해주고 싶었겠지만 나는 그 말에 선뜻 감동되지 않았다. 왜 그랬을까? 매사에 너무 진지했던 탓인지 '즐긴다'는 개념이 내겐 없었던 것 같다.

그 당시 나는 그녀에게 "즐기라고? 언니가 내 처지가 돼봐. 그게 가능한지?"라고 서운한 마음이 입 밖으로 나왔다. 내가 그때 그녀의 말을 조금 더 진지하게 받아들였더라면 어땠을까? 그러나 나는 한동안 돌파구도 찾지 못하고 무의미한 시간을 보냈다.

때때로 우리는 관계 속에 있든 없든 크고 작은 스트레스는 피할 수 없다. 때로는 적극적 관계를 맺기 위한 노력이 실수로 이어지기도 하고, 또 관계를 끊기 위한 결단과 고민의 시간이 찾아오기도 한다.

이러한 관계의 만남과 헤어짐의 교차 속에서 자신으로부터 비롯되는 관계의 좋은 운(運)과 기회를 적극적으로 만드는 것이야말로 인간관계를 놀이처럼 즐기는 또 다른 방법이다. "피할 수 없으면 즐기자"라는 말이 막연한 생각으로만 그치지 않도록 말이다. 이것에 대해 로버트 엘리엇은 다음과 같이 조언한다.

* 관계의 확실성과 예측 불가능함을 인정하는 겸손함을 가져라
* 어떠한 상황에서도 어려움은 존재하고 피할 수 없다는 마음 자세를 갖춰라
* 인생의 불가피한 상황에서 배우고 어려움을 자기 성장의 기회로 삼는 자기계발능력을 믿어라. 어려운 시기를 통과한 후 새로운 기술, 강인함, 지혜를 배울 수 있다
* 날마다 능력치를 올릴 수 있고 올라가고 있다는 자기 유능성과 자신감을 가져라
* 가족, 동료, 친구, 전문가에게 도움을 청하라

이 말은 우리에게 어떠한 상황에서도 관계는 어렵지만, 자신을 성장시키는 기회를 만들라는 긍정의 힘을 주는 조언들이다. 이러한 통찰이 길러지는 시기는 사람마다 처한 환경과 습관에 따라 적당한 시기와 때가 있다. 나 역시 오랫동안 그랬으며 지금 이 순간에도 학습 중이다.

그렇다면 우리는 피할 수 없으면 놀이처럼 즐기기 위해 어떻게 하면 좋을까? 먼저 놀이란 '여러 사람이 모여 즐겁게 노는 일 또는 그런 활동'이라는 뜻을 가지고 있다. 세계에서 가장 인기 있는 놀이공원은 캘리포니아 애너하임에 있다. 바로 디즈니랜드이다. 우리나라는 에버랜드, 롯데월드 어드벤처 순으로 사람들이 가장 많이 찾는다. 이곳들은 넓은 공간과 스릴 넘치는 다채로운 놀이기구들이 많이 있기에 사람들에게 흥미와 재미를 준다. 친구와 연인, 가족과 함께 즐길 수 있고 의미 있는 시간을 만들어갈 수 있다.

이처럼 인간관계를 놀이처럼 즐기기 위해 자신만이 느끼는 재미를 인간관계 안에서 떠올려보고, 부족한 재미 요소를 가미해보면 어떠할까?

❀ 우리는 언제 재미있다고 느낄까?

❀ 우리는 언제 무엇을 할 때 재미있는가?

  하루에 몇 번이나 재미있다고 느끼는가?

예시) 많은 사람들 앞에서 나의 의견을 전달하고 깊은 공감이 이루어질 때
  재미있어

....

....

....

....

관계에 대하여

✤ 당신은 누구를 만날 때 재미있다고 느끼는가? 어떤 사람을 재미있게 해
주고 싶은가?

예시) 나이를 막론하고 내가 추구하는 가치관과 같은 사람을 만나 이야기할 때,
평소 나를 지지해주고 사랑하는 사람을 위해 재미있는 이야기를 들려주
고 싶어

....

....

....

....

✤ 당신은 어떤 대화에 흥미를 가지는가? 재미있다는 감정을 하루 몇 번 느
끼는가? 재미있다고느끼는 순간 그 이유를 생각해 본 적이 있는가?

예시) 소비적인 대화보다 뭔가 작은 점이라도 배우고 일상에 적용할 수 있는
대화를 나눌 때 재미가 느껴져. 그런데 늘 재미있다고 느끼지는 않는
것 같아. 그렇지만 불평과 불만보다 누군가를 칭찬하고 개선하려는 모
습 속에서 재미있다고 느껴.

....

....

....

....

4장 얽히고 섥힌 관계 풀기

우리는 어릴 적 금방 주변과 친해져 떠들고 웃고 뛰놀던 때가 있었다. 반면 언제부터 세상에 둘도 없는 진지한 사람이 되어버렸는지 생각해볼 일이다. 사람과 만남을 꺼리는 순간들이 많아지고 이런저런 잡생각들이 머릿속을 떠돌게 되었는지 말이다. 하지만 그간 겪었던 크고 작은 관계의 걸림돌들 때문에 생긴 신중함과, 그럼에도 불구하고 새로운 만남과 관계의 시도 앞에 필요한 용기 사이에는 적절한 균형이 필요하다.

언젠가 놀이공원의 스릴 넘치는 롤러코스터가 두려워진 그 어느 시기쯤, 나도 관계의 재미를 잊어버렸는지 모른다. 그러나 이제는 안전하면서도 재미있는 관계의 도전이 필요한 때이다.

그러나 우리는 어떤 경우, 어떤 사람을 통해 스릴 넘치고 아찔한 놀이기구 같은 난이도 높은 어려움을 가져다주는 사람을 만나곤 한다. 아주 까다로우면서도 치밀한 사람, 그 사람을 만날 때마다 꼼꼼함과 지적은 끝나지 않고 공과 사가 너무 분명해서 냉정하기 그지없는 사람 말이다. 이런 사람을 만났을 때 과연 관계의 재미를 어떻게 찾을 수 있을까?

누군가는 그 관계를 돌파할 것이고 누군가는 좌절할 것이다. "그래... 이것도 놀이야. 고난이도 기술을 요하는 스릴 넘치는 놀이. 쓴맛도 즐겨보자. 이 시간은 언젠가 끝날 꺼야"라는 마음도, "나는 안 되겠어. 내 능력 밖의 일이야"라는 마음도, 모두 여러분의 몫이다. 나는 어떤 선택도 잘못되지 않았다고 생각한다. 관계의 돌파를 통해 자신감을 얻을 것인지, 관계의 포기를 통해 실패를 받아들일 용기를 가질 것인지 정답은 없기 때문이다. 게임에 져도 즐거울 수 있는 것이 바로 놀이다. 지금 당장은 분하고 화가 나지만 내일이 되면 또 아무 일 없었던 것처럼 다시

플레이를 시작하는 거다. '어떠한 상황에서도 어려움은 존재하고 피할 수 없다는 마음 자세를 갖춰라'는 로버트 엘리엇의 조언처럼, 인간관계 피할 수 없다면 놀이처럼 즐길 수 있는 지혜를 스스로 만들어보자.

06

꽃보다 친절한 조언자를 옆에 두라

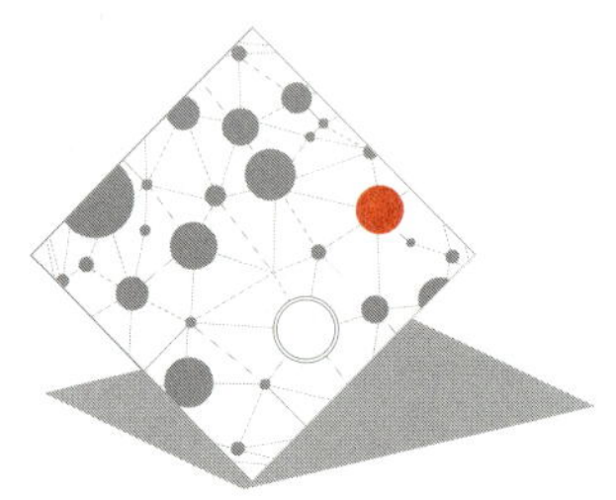

얼마 전부터 군부대로 인성교육 강의를 다니게 되었다. 아는 지인이 어느 기관에서 진행하는 강의를 해보지 않겠냐는 제안 때문이었다. 처음에는 내가 그들에게 조언자의 역할을 잘할 수 있을까 걱정이 앞섰다. 이미 탄탄하게 구성된 강의안이 있었지만 그래도 염려가 되었다. 용기를 내어 수락했고 동료 강사들의 응원과 함께 현장 강의를 진행했다.

그런데 시간이 지날수록 교육대상자들이 내게 준 영향력이 더 크다는 점을 깨달았다. 예의 바른 태도와 열정에 찬 모습 속에 빛나는 창의력들에 자주 놀라곤 했다. 그런 영향 덕분인지 그동안 미처 몰랐던 내 안에 친절한 조언자의 역할도 동시에 살아남을 느꼈다. 그래서인지 나 스스로 더 밝아지는 것 같았다. 이전 경험과는 다른 그 어떤 변화였다.

이렇듯 때로는 내가 몰랐던 내 안에 지닌 좋은 영향력을 내가 아닌 누군가를 통해 발견할 기회를 얻는다. 누군가와 함께 하는 시간과 의미 있는 노력을 통해 꽃보다 소중한 가치를 발견할 때가 있다. 그렇기에 친절한 조언자를 가까이하려는 의도적 노력이 필요하다.

생각해보면 우리는 누군가의 친절한 조언자가 될 수 있는 조건들을 두루 갖추고 있다. 아무리 작고 하찮은 것처럼 보이는 것일지라도 개인의 독특한 이력은 때때로 큰 도움이 된다. 나는 맛집을 잘 찾아 소개하는 사람을 보면 독특하게 보인다. 아무나 할 수 없는 일이기 때문이다. 사람이 모일 때면 여러 가지로 탁월한 준비성을 가진 사람도 있다. 그것 또한 아무나 할 수 없는 일이다.

그들은 개인 혹은 단체에 좋은 영향을 끼치며 누군가의 충분한 조언자의 역할을 하고 있다. 자신이 가지고 있는 충분한 조언자의 역할을 발견하고, 그 영향력을 넓히고 개발하는 것은 모두를 위해 분명 좋은 일이다. 그것은 언젠가 내가 바라는 대로 나도 누군가를 위해 도움이 될 수 있는 사람이 되고자 노력하는 것이다.

과연 우리 곁에는 이런 사람이 얼마나 될까? 말 속에 따스함의 온도가 있는 사람, 상대가 원하는 만큼의 적절한 정보와 지식을 건네는 사람, 사람과 사람 사이를 잘 이어주는 사람, 어려울 때 잘 도와주는 사람, 대가 없이 기꺼이 자신의 재능을 기부하는 사람, 그리고 내가 그런 사람인지도 생각해 볼 일이다. 안타깝게도 나는 여러모로 그러지 못했다. 오히려 나는 친절한 조언자가 절실히 필요한 사람이었다. 지금도 역시 마찬가지다. 한편으로 나도 누군가에게 도움을 줄 수 있는 사람이 되고 싶을 뿐이다.

그런데 우리는 주변에 충분한 조언자들을 두고 있음에도 때때로 그것을 놓치며 의도적으로 멀리하는 일은 없었을까? 어릴 적 따갑도록 들은 부모님의 조언, 선생님의 가르침, 친구들의 충고 한마디, 가족들의 조언 속에서 돌이켜보면 많은 진심들을 받아들일 수 없었던 자신에게 아쉬워하는 순간들이 있을 것이다.

부　　모 : "열심히 공부해라"

직장상사 : "너무 부정적으로 생각하지 말고 한번 할 수 있다고 생각해봐"

동　　료 : "세상에 공짜는 없어""

가　　족 : "당신은 자신의 생각에 너무 매몰되어 있어"

친　　구 : "너보다 못한 처지의 사람들을 생각해봐"

이런 조언의 순간들을 마주할 때마다 수용적인 태도를 보이지 못했던 이유는, 내가 그들의 인격보다, 그들의 충고보다 자신 스스로의 상황과 처지에 더 매몰되었기 때문이다.

부모님 말씀은 무조건 잔소리라서 싫고, 직장 상사는 존경하지 않는다는 이유로, 그리고 내가 힘들어 죽겠는데 무슨 소리냐며 반박하면서 나 역시 그렇게 그들의 조언들을 무시하곤 했다. 그러나 한두 가지 강력한 주문처럼 들렸던 선생님의 명언 "정신일도 하사불성(精神一到 何事不成)", 외할머니의 "사람은 언제나 대로(大路)를 걸어야 한다."는 말씀은 나를 만든 원동력이 되기도 했다.

나는 언젠가부터 내 안에 부족한 갈망들을 채워줄 강력한 조언들이 필요하기 시작했다. 비틀어지고 어려워지는 관계와 상황들을 혼자서는 감당하기 어려웠기 때문이다. 나는 적극적으로 조언자를 찾아 나서야 했다. 가장 먼저는 책이었다. 책은 모든 분야에 걸쳐 있고, 내가 원하면

관계에 대하여

가까이 있었다. 내가 실천할 의지를 갖는다면 책은 얼마든지 친절한 조언자의 역할을 충분히 했다.

그럴 무렵, 나는 서울에서 경기도까지 수십킬로도 마다하지 않고 자주 다닌 일이 있었다. 그것은 때에 따라 주중, 혹은 주말이 되기도 했다. 내 이야기를 진심으로 들어주던 선배를 만나기 위해서였다. 그녀와 나눈 모든 이야기가 다 흥미로웠다. 사소한 걱정과 근심, 취미, 종교, 복잡한 관계의 문제에 이르기까지 나는 그녀와의 대화가 즐거웠다. 그동안의 내 관심거리를 모두 그녀와 나누었다. 그녀에게는 충분한 통찰력과 친절함이 있었다. 나는 그녀가 안타깝게도 심한 수술 후유증이 있기 전까지 거의 10여 년간 지속적인 만남을 유지했다. 내가 그녀에게 받은 가장 큰 도움은 다름 아닌 공감이었다. 그녀가 나의 아픔을 이해해주니 나는 살아났다.

언젠가 나는 이런 말을 들은 적이 있다. "다른 사람의 의견을 잘 수용하는 것 같아요" 라고. 그 뜻은 내가 모든 면을 잘 수용하는 것이 아니라 대체적으로 내게 건네는 조언을 잘 받아들이고 나에게 적용하고 변화하려고 노력한다는 의미로 해석했다. 그렇다. 나는 살면서 겪어왔던 수많은 시행착오의 원인을 때로는 타인의 사소한 충고 속에서 해결할 수 있다는 것을 깨달았기 때문이다. 그래서 나의 쓴 경험들은 누군가의 의견을 더 적극적으로 수용하도록 만들어주었다.

지금으로부터 오래전, 내가 사회에 첫발을 내디뎠을 때 지인분이 축하의 의미로 『인생을 배우는 100가지 지혜, 작가 모름』 라는 책을 선물해 주셨다. 당시에는 여러 번 읽고 실천하려고 했지만 부족한 내적 성숙 탓에 지혜의 깊이를 깨달을 수 없었다. 그리고 돌이켜보면 내 주변에 충분히 조언을 해 줄 수 있는 사람들이 있었음에도 내가 잘 활용하지도 못했다.

이런 점에서 자신과 삶의 관계 범위를 점검해보고 다각도로 분석할 필요가 있다. 내가 어느 점이 취약하고 어떤 점에서 멘토가 필요한가? 다만 현실 속에서 멘토를 찾았다고 해서 무조건 다가서지는 마라. 세상에 공짜는 없다는 것을 기억하자. 그 사람도 나도 모두 나약한 사람이다. 조언자가 나보다 조금 더 알 뿐이지 신이 아니기 때문이다. 또한 어떤 사람의 조언도 받아들일 준비가 되어 있는지도 점검해 보아야 한다. 평소 유연한 사고와 자세를 가져야 내 삶에 유익함을 얻어낼 수 있다.

꽃보다 친절한 조언자를 두는 법부터 아는 것이 첫 번째 자세다. 각자에게 도움이 되는 친절한 조언자를 어디서 어떻게 찾을 것인지 각자의 몫에 달려있겠지만, 날마다 기분을 확인하면서 내가 진정으로 필요로 하는 것이 무엇인지 가치관을 잘 만들어나갈 때, 그 선택이 내가 되고 나의 길을 확장시켜 줄 것이다. 그리고 그 길목마다 나를 도와줄 훌륭한 조언자를 찾아내 적극적으로 만날 수 있을 것이다.

닮고 싶은 사람, 내가 되고 싶은 사람, 함께 있으면서 배우고 싶은 사람을 가까이 하라 -워렌 버핏

관계에 대하여

07

사람에게 너무 의지하지 마라

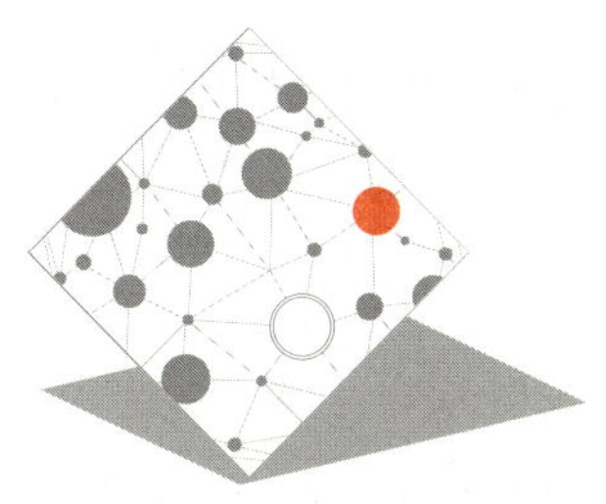

독일의 철학자 쇼펜하우어는 '얄팍한 행복 대신 단단한 외로움을 선택하라'고 조언한다. 나는 그의 말처럼 지난날 불을 찾아 떠돌던 한 마리 나방처럼 무게 없는 관계 그 자체에 매몰되었던 시간들을 되돌아본다. 그리고 외롭지만 자신의 내면을 향해 더 단단해지는 지혜의 시간이 필요함을 마주하곤 한다. 그것은 관계의 단절이 아니라 나와 수많은 관계 사이를 균형으로 이끌기 위한 필수적인 시간이라고 생각한다.

어느 한적한 자연 속에 누구의 손길도 닿지 않은 이름 모를 꽃이 피어 사람의 마음을 흔들어 깨울 때가 있듯이, 겉으로 포장된 화려함을 뒤로 하고 자연스러운 균형을 선택할 때 잘 가꿔진 장미와는 다른 차원의 매혹이 숨을 쉰다. 이처럼 우리는 개성 넘치는 타인과의 화려한 관계의 꽃 속에도 존재하며, 자신의 내면과 신비스러운 관계 안에서 숨 쉬는 고요함도 유지해야 한다.

이것은 세상과의 단절을 뜻하는 것이 아니라 세상으로 더 나아가기 위한 연습의 일부분이다. 우리는 태어나면서부터 누군가와 함께 하지 않으면 살 수 없는 존재였다. 갓 태어났을 때는 부모를 의지하고, 성장 기에는 친구, 결혼과 취업을 통해 안정감과 소속감을 느낀다. 그러다가 우리는 수많은 시행착오 속에서 때로는 관계가 주는 불편함 때문에 거리 두기가 필요하다는 것을 스스로 알게 된다. 그 거리두기란 미묘하게 어려운 것이어서 관계 단절을 불러오기도 하고 스스로 좌절감을 느끼기도 한다.

때로는 그 마음이 집착의 형태로, 때로는 손쉽게 관계를 포기하는 형태로 나타나기도 한다. 어떤 관계를 집착한다는 것, 또 쉽게 포기한다는 것은 결국 사람을 너무 의지하는 또 다른 형태 중 하나이다. 그렇다면 어떻게 해야 우리는 수많은 관계 속에서 자유로울 수 있을까?

우리에게는 다음과 같은 일들이 지속적으로 일어나고 반복됐었다.

❀ 나 홀로 있는 시간이 힘들어서 누군가와 통화를 시도했지만 모두 거절당했다

❀ 반복되는 일상 이외에 하루 종일 아무한테도 연락이 오지 않는다

❀ 어쩌다 지인에게 연락했는데 시큰둥한 반응에 괜히 자괴감에 빠졌다

❀ 직장에서 진심 어린 마음을 나눌 사람을 만나지 못했다

❀ 가족에게는 도저히 내 허전한 마음을 위로받을 수 없다

❀ 하루에 아는 지인으로부터 수차례 전화 오는 사람들을 보면 괜히 부럽다

❀ 무엇을 해도 내면 안에 있는 관계의 허전함을 달랠 수가 없다

이런 일 끝에 밀려오는 씁쓸한 감정들은 결코 누구의 잘못이 아니다.

관계에 대하여

자신이 더 관계를 활발하게 하고 싶은 고유한 욕구의 선이다. 모난 관계 욕구들에 맞서 하나씩 부딪쳐 가며 '건강한 나'가 되기 위한 과정 중 하나인 것이다. 수많은 만남과 헤어짐을 극복하고 나에게 맞는 관계의 방법과 욕구의 선을 찾아낸다면 누구에게도 끌려다니지 않는 더 자유로운 리더자가 될 수 있다.

어린 시절, 무척 소심했던 나였지만 친구는 포기할 수 없었다. 혼자 있기 싫었다. 친구와의 우정은 영원할 것이라고 생각했다. 부부관계도 역시 마찬가지였다. 나 홀로 있는 시간이 두려워 서로를 더 힘들게 하기도 했다. 또한 '나' 중심에서 '너', 배려가 어려워 관계가 자주 무너졌다. 나는 '너는 뭐 하고 싶은데'가 아니라 '나 그거 하고 싶으니까'였다. 타인과 어우러지는 삶은 '이거 하자'가 아니라 '이거 하는 건 어떨까요?'라는 묻고 대답을 기다리는 과정이었는데 말이다. 그런데 나는 무슨 이유로 이러한 과정을 생략하고 살았을까?

사람이 사람을 좋아한다는 이유로 혹은 무료함을 달래기 위해 일방적인 태도로 대했던 것은 아니었을까. 때로는 그것이 관계 실패의 요인이 되기도 한다. 그렇기에 우리는 스스로 타인과 거리두기에 성공하면서도 타인과의 필요한 관계는 성공적으로 이루어가는 것, 나 홀로 해내는 그 힘은 어떻게 기를 수 있을까?

그런데 뭔가 원활하지 못한 관계의 어려움 앞에서 자신을 단번에 구하기란 결코 쉽지만은 않다. 수많은 심리적 역동과 관계 문제를 다룬 조언들과 전문가, 책과 자료들을 찾아보며 과연 무엇이 문제일까를 고민하며 그 문제를 해결해가기까지 무척 막막하고도 막연하게 느껴질 수 있다.

　나 역시 그랬다. 하루하루 삶은 되풀이되고 그 해답은 영영 찾을 수 없을 것만 같았다. 그러던 어느 날 실낱같은 희망을 듣게 되었다. 나는 그 일이 모든 관계 문제를 해결하는 초석이 되었다고 여긴다. 당시 나는 나와의 관계 문제에서부터 부모, 부부, 가족, 사회로까지 연결되는 모든 문제를 안고 있었기 때문이다.

　어느 날 지인은 내게 "매사 모든 일에 감사함을 가져라. 감사는 천국으로 가는 열쇠다."라는 말을 해주었다. 나는 그 말을 듣는 순간, 태어나서 처음 듣는 표현이라고 생각했다. 새로웠다. 그리고 '왜 내가 이걸 몰랐을까'라고 생각했다.

　마치 들은 적도, 배운 적도 없는 것처럼 느껴졌다. 내가 그동안 감사함을 얼마나 몰랐던가. 아예 감사함은 내 삶 저 깊이 수장되어 있었다. 그렇기에 나는 그동안 내가 만나는 사람에게 고마움과 감사함을 제대로 표현했을 리가 없다. 무서우리만치 이기적인 삶을 살았던 것이다.

　특히 주변인에게 무조건적인 애정을 바라는 마음이 사람을 의지하는 모습의 형태로 무의식적으로 작동했다. 당연히 삶과 관계 그 자체에 만족감이 있을 리 없었다. 사회관계에서 동료란 '손익 계산이 없는 친구'라는 나만의 조건 때문에 항상 나를 외롭게 했다. 나 역시 누구에겐가 이익을 주는 그런 사람도 아니었는데 말이다.

　이렇듯 이상하게 나 아닌 타인에게 의지하려는 마음이 더욱 나를 고립으로 몰아간다는 것은 매우 아이러니 한 일이다. 자신과의 관계도, 가정에서도 실수를 연발한다. 부부는 일심동체라는 사실에 매몰된 나머지 상대방을 향해 서운함을 감추지 못하며, 자녀에게도 마치 자신이

관계에 대하여

완벽한 부모인 것처럼 굴기도 한다.

이처럼 결혼 생활에서도 부부는 일심동체이어야 한다는 사실에 지나치게 매몰되면 관계가 어긋난다. 사람은 같은 감정과 기분을 결코 가질 수 없다. 서로가 독특한 개성을 가진 존재임을 인정하면서 같은 목표를 향해 나아갈 때 만족이 있다. 친구나 대인 관계에서도 역시 마찬가지다.

어떤 이유에서든지 지나치게 상대방에게 바라는 것, 애정을 요구하는 것, 무조건적인 공간과 시간을 함께 나누고자 하는 것은 이기적인 의지 행위이다. 직장에서 나와 같은 마음이 아니라고 불평하는 것도 마찬가지이다. 자녀에게도 똑같다. '내가 대접받기를 바라는 대로 남을 대접하라'는 말을 잘 해석해야 한다. 내가 바라지도 않는데 지나친 친절을 베풀고서 그 친절의 대가를 바라는 관계가 되어서는 안 된다.

전문가는 건강한 관계는 결국 건강한 바운더리에서 나온다고 말한다. 나는 너를 위해 이렇게 했는데 너는 왜 나를 위해 그렇게 하지 않지? 라는 잣대를 대며 일종의 거래의 채권자 관계로 만들어버리는 것을 지양하라고 조언한다.

사람에게 너무 의지하지 마라. 자신의 부족함을 상대방에게서 채우려 하지 말고 오히려 정신적 우위를 가진 만남의 리더가 되어라. 삶이 힘들다고 외로움으로 파고들지 말고, 결코 멈추어서는 안 되고 멈출 수도 없는 인간관계 맺음의 건강한 균형을 건실하게 만들 수 있는 구조화를 구축하라.

08

관계 실패 되새김질은 성공을 위한 필수 코스

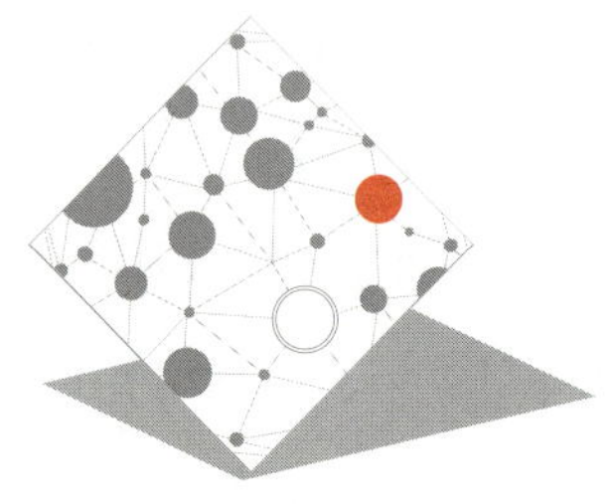

"스스로에게 이렇게 답하라. 실패하면 안 될 이유는 없어. 실패하더라도 최악은 아니고, 아주 불편할 뿐이야" 이 말은 미국의 심리학자 앨버트 앨리스의 명언이다. 이 글은 우리에게 실패를 유연하게 바라보게 해 준다. 나 또한 '인생이 최악이었다'라는 실패감이 이 글을 쓰게 만들었다. 앨리스의 조언은 내게 다시 한 번 관계 실패를 되새김질하는 용기를 갖게 했다.

사실 실패한 관계를 다시 돌이킬 수는 없다. 그러나 뭔가 찜찜하고 패배감과 후회함이 밀려드는 복잡한 감정을 정리하고 다음으로 나아가야 하지 않겠는가. 가능하다면 차분히 생각하면서 '관계'라는 키워드에서 절망에 허우적거렸던 이유들을 찾아보며 더 단단해질 수 있도록 말이다. 수많은 이유들이 머릿속에서 맴돌고 과거의 실수들도 하나씩 떠오를 것이다.

그것들은 주로 대인 관계에서 그동안 자신을 불리하게 이끌었던 요인이라고 생각할지도 모른다. 낯을 많이 가리는 기질, 주변을 지나치게 의식하는 태도, 위트 없고 조용하며 다소 비사교적인 성격이어서 주변과 쉽게 동화되기 어려웠다고 말이다. 그리고 감정 표현이 서툴러서 혼자 고민하면서 어떤 좌절감에 점점 사람과의 관계가 두려워지거나 혼자 있는 시간이 낫다고 생각할지도 모른다.

이러한 사실을 자연스럽게 받아들이되, 계속하여 대인 관계에서 불리했던 생각들만 떠올린다면 자신을 앞으로 나아가지 못하게 한다. 만약 자신의 기질과 태도를 고수하는 것이 자칫 자신의 강점을 방해하는 요소로 작용하고 있는 것은 아닌지 생각해봐야 한다. 그래서 누군가를 더 사랑하지 못했고, 더 존경하지 못했고 그래서 무너진 관계의 실패는 더 씁쓸하다.

우리에게 관점을 바꾸어주는 또 하나의 말이 있다. "남들도 나처럼 실수를 저지를 수 있는 사람이라는 사실을 받아들이면 타인을 훨씬 객관적으로 바라볼 수 있게 된다"는 앨버트 앨리스의 조언이다. 사람은 완벽한 존재가 아니라 누구나 실수와 실패하는 존재라는 사실을 인정할 때, 갈등 관계 속에서 한 발짝 떨어져 생각할 기회를 갖게 한다는 의미이기도 하다.

만약 머릿속에 떠도는 '감정 쓰레기들을 치우고 필요 없는 것들은 버리고, 나머지는 잘 간직하자'는 감정 정리의 욕구는 하루에도 열두 번 아니 수십 번 만남에서 일어났던 대화와 반응들에 대한 피드백을 새롭게 바꾸어줄 것이다. 또한 나를 한층 더 성공적이고 긍정적인 욕구의 감정으로 변화시킬 것이다. 비록 지금 실천과 의지보다 생각의 무게 때문에 지쳐있다 해도, 내일이 다가오지만 앞으로 걸어가고 있는 것처럼 느껴지지 않는다 해도 자신 안에 실수의 빈틈을 찾아내 인정하고 새로운 관점의 변화가 큰 힘을 줄 것이다.

인지행동치료를 창시한 앨버트 앨리스는 어린 시절을 회상하기를, 아버지는 애정결핍이었고 어머니는 감정적으로 거리가 있었다. 그런 부모 밑에서 그는 어린 동생들을 돌보기도 했는데 그러한 환경 밑에서 자란 그는 성격이 조용하고 소심했다고 한다. 그런 그가 19살 때 성격을 바꿔보기로 결심하고 130여명의 소녀들에게 대화를 건넸지만 단 한 명만 데이트 신청에 성공했다. 그런데 그 단 한 명의 그녀도 데이트 장소에 나타나지 않았다고 한다. 그 경험이 도움이 되어 후에 그는 미국에서 유명한 심리학자가 되었다.

사랑받지 못한 부정적인 환경에 처한 그를 결정적으로 일으켜 세운 동기는 무엇이었을까? 그는 자신을 둘러싼 환경을 인정하고 연구하기를 멈추지 않았다. 우리는 때때로 자신을 둘러싼 환경이 이미 실패했다는 부정적 정서를 가질 때가 있다. 나는 좋은 부모를 갖지 못해서, 나는 좋은 학교를 나오지 않아서 등등… 그러나 그것은 핑계일 뿐이다.

미국의 철학자이자 심리학자인 윌리엄 제임스는 '인간 본성의 가장 심오한 원칙은 인정을 받으려는 갈망이다'라고 말한다. 사람이라면 누구나 사랑받고 싶어 한다는 의미일 것이다. 인간은 태어나서부터 누군가의 보살핌과 사랑에서 시작된다. 인간의 관계는 애초 누군가에게 충분한 사랑을 받는 일에서부터 시작된다. 그러나 부모는 바쁘기도 하고 더욱이 완전하지도 못하다.

특히 성장하면서 겪는 극심한 사춘기는 어떤 결핍에서 출발하며 그

관계에 대하여

시기가 되면 누군가를 원망하고 미워하는 마음이 극대화되는 시기다. 이 시기를 잘 극복하면 사랑을 베풀 줄 아는 존재가 된다. 아니 사랑을 베풀고 싶어 한다. 미워하고 분노하면서도 용서하고 싶은 이중감정의 선(線)이 싸움을 계속한다. 중요한 사람이 되고 싶다는 욕망을 버릴 수 없는 것이다. 존 듀이도 '중요한 인물이 되려는 욕망이 인간 본성의 가장 심오한 욕구이다'라고 말한 것처럼 말이다.

이렇게 우리의 삶의 주제는 '사랑받는 사람'이 된 후에야 '사랑하는 사람'이 되는 '사랑'이다. 누군가를 미워하고 원망하는 것, 관계를 제대로 이해하지 못하는 것은 전적으로 당신의 잘못이 아니다. 아직 자신을 해석할 충분한 환경적, 정신적 여건을 만나지 못했기 때문이다. 우리 삶의 최종 목표는 '사랑하면서 사는 삶'이 아닐까? 삶이라는 단어는 살면서 앎을 충분히 채워가는 시간이 되어야 하기에 온전히 100%짜리 삶을 살아내지 못한 것은 어쩌면 당연한 것인지도 모른다.

그래서 관계 실패는 당연한 배움의 과정이기에 삶의 가치를 점검하면서 되새김질은 필수 코스일 수밖에 없다. 나에게 친밀감이 없어서 자신감이 부족하더라도 유능함과 뻔뻔함을 더하여 앞으로 나아가라. 끈질긴 인내는 에너지를 더하고, 용기 있는 인성과 태도는 상냥한 숫기를 만들어낼 것이다.

그것들 위에 나의 가치와 가치관을 잘 분별하며 어떤 삶을 누구와 함께 어떤 의미를 가지고 살아갈 것인가를 생각하라. 타인에게 사랑을 끝없이 갈망하는 일, 지식 쌓기에만 몰입하는 것, 가족에게 자신의 욕구를 채우려는 일 등등... 오로지 내 삶을 어떤 결핍을 채우는데 허비하지 말

자. 잘못된 신념을 추구하면서 삶이 망가지고 나서야 깨닫는다면 많은 것들을 떠나보내야 한다. 우선 삶의 윤택함을 보장해주는 몸과 마음의 건강을 잃기 쉽다. 다음은 다시 돌이킬 수 없는 사람들과의 만남이다.

우리가 관계 실패를 되새김질할 수밖에 없는 것은 늘 삶 속에서 무언가 체한 것처럼 더부룩하게 소화 안 된 감정의 파편들이 나를 불편하게 만들기 때문이다. 그 불편함을 시원하게 해소하는 일, 바로 균형 잡힌 삶을 위한 나의 마음 자세부터 체크 하는 일이다.

🍀 무엇을 받으려 하기보다 무엇을 해 줄 수 있는지 생각하라. 지금 당장 할 수 없다 해도 괜찮다. 무리하게 진행하지 말고 때를 기다려라

🍀 만약 할 수 있는 여건이 나에게 주어졌더라도 지금 당장 하는 것을 주저하라. 행동하고 난 후 효과와 감당할 수 있 을지를 체크하라

🍀 때로는 아무것도 안 하는 것이 더 효과적일 때가 있다는 점을 기억하라. 때론 침묵이 조언보다 더 이롭다

🍀 당신이 무엇을 지향하고 있는지 가치와 가치관을 점검하라. 말과 행동이 일치될 수 있도록 노력하라

결국 관계실패 되새김질이란 용기 있는 재도전의 기회이다. 우리의 삶은 여전히 성공과 실패를 마주할 수밖에 없다. 그럼에도 두려워하지 않고 계속 도전하는 용기 있는 삶이 바로 진정한 관계의 성공자가 아닐까?

관계에 대하여

# 5장

인간관계는
승자도 패자도 없는
오직 나만 남는 게임이다

사람들이 나를 좋아하게 애쓰지는 마라

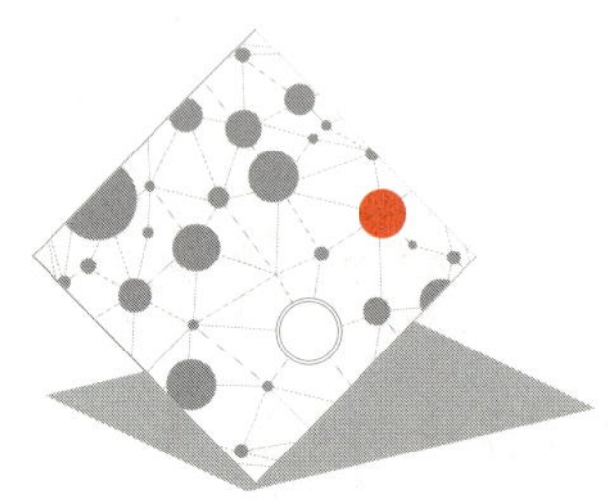

어느 날 사적인 자리에서 그날 회사 동료와 안 좋았던 일로 내가 투덜거린 적이 있다. 그러자 그 말을 듣고 있던 선배 한 분이 조용히 내게 이렇게 말했다. "모든 사람이 너를 좋아해야 하니? 그러긴 어렵지 않을까?" 그 말에 순간 나는 뒤통수를 얻어맞은 기분이었다.

이렇게 나도 한때 모든 사람이 나를 좋아해 줬으면 하는 기대감으로 사람을 대한 적이 있었다. 그러나 나를 좋아하든 말든 원만한 사회관계를 유지할 수 있는 성숙한 태도가 되기까지 많은 경험과 시행착오가 뒤따랐다. 내가 만난 사람들도 상대방에게 호감을 받고 싶은 마음과 그렇지 못할 때의 힘든 순간들을 다음과 같이 이야기하기도 한다.

A : 사람들에게 내 호감도를 높이고 싶었어. 그러면 개인적으로나 업무적으로 조금 더 유리한 상황이 될 테니까. 하지만 그걸 아는데도 노력해도 안 될 때가 있어. 힘들어.

관계에 대하여

B. 대학 시절 진짜 좋아하는 동기가 있었거든. 그런데 그 친구는 날 좋아하지 않더라고. 세월이 오래 지났지만 문득 문득 왜 그 친구가 나를 좋아하지 않았을까 하는 생각이 들 때가 있어. 나한테 괜한 자괴감도 느끼면서 말이야.

C. 여느 때처럼 매장에 손님이 찾아왔어요. 서비스에 만족하도록 설명을 충분히 했죠. 그런데 그 손님은 만족하기는커녕 시간이 갈수록 더 많은 무료서비스를 원하는 거예요. 꾹 참으면서 거래가 성사되긴 했어요. 얼마 후 주문했던 상품이 나오자 자신이 원하는 색깔이 아니었다며 항의를 하기 시작하는 거예요. 손님이 골랐던 당시 원단 색깔과 완성된 상품을 보여드렸는데도 말이예요. 고객에게 좋은 이미지로 남고 싶지만 도저히 불가능할 때도 있어요

하버드 비즈니스 스쿨에서 『인간관계론 강의』로 명성을 얻은 앤디 몰린스키 교수는 호감도에 대해, 우리가 느끼는 사회적 교류 욕구와 인정 욕구는 식욕, 갈등, 주거에 대한 욕구와 마찬가지로 인간의 기본적인 욕망이라는 것이 신경과학 분야의 연구 결과라는 것이다.

그렇기에 누구나 사회적 교류 안에서의 나에 대한 호감도를 증대시켜 나가는 것이 우리의 기본적인 요구라고 볼 수 있다. 그러나 나의 모습이 남에게 호감을 줄 수 없을 거라는 생각이 자신을 괴롭힐 때가 많다.

타인의 평가로부터 자유로울 수 없는 사람은 행복해질 수 없다. 타인의 평가를 끊어야 한다. 아르투어 쇼펜하우어도 타인의 시선에 의지하지 말라는 뜻으로 "남에게 보여주려고 인생을 낭비하지 마라"고 강조하기도 했다. 많은 심리학자가 나로부터의 시선이 아닌, 다른 사람으로

부터 사랑을 받으려는 마음은 불행해지며, 나를 위한 에너지를 낭비하게 된다며 타인의 시선이나 평가에 흔들리지 않는 여러 노하우를 알려주고 있다.

- 나의 행복을 타인에게서 찾지 말라. 불행 역시 마찬가지다
- 나에 대한 평가를 타인에게 매달리거나 의지하지 말라. 나에 대한 자신의 평가에 집중하라
- 소심하지만, 그대의 솔직한 나를 표현하라.

이러한 말처럼 내면이 단단해지는 것은 결코 쉬운 일은 아니다. 우리는 사람마다 같은 상황에도 여러 다양한 반응을 본다. 예를 들어 점심 식사 시간이 되어 오늘 뭐 먹을까? 라고 메뉴를 정할 때, 그 식사 메뉴 의견을 주도하는 사람, 이에 적극적으로 동조하는 사람, 정확한 의견 없이 그냥 따라가는 사람이 있다.

가끔 대화 중에도 어떤 결정적인 한방의 의사 표현을 하지 못해 후회감을 반복한다면 왜 그랬는지를 생각해 볼 일이다. 성격적으로 과묵한 사람일 경우도 있지만, 혹시 내가 정직한 의견을 말했을 때 자신이 평가절하되지는 않을까? 나의 의견이 무시당하면 어쩌지? 하는 우려 때문에 소신 있는 발언을 하지 못하는 사람일 수도 있다.

나의 경우, 내 말에 무조건 동조하는 사람보다는 친절한 조언을 조금 곁들이는 사람이 더 좋았다. 순간 기분은 나쁠 수 있지만, 상대방의 분명한 소신과 적절한 의사 표현은 그 사람을 더 길게 만나고 싶어진다. 나 역시 내게 조언을 아끼지 않는 사람들을 통해 내가 성장하고 있다고

관계에 대하여

믿는다.

내가 사회생활 초반 시절, 무척 까다로운 상사를 만난 경험이 있다. 아직도 그 이름 석자를 잊을 수 없다. 그는 모든 팀장들과 부딪쳤고 거의 아무도 신뢰하지 않는 것처럼 보였다. 그래서 직원들은 그 상사를 험담했다. 그러나 그는 아랑곳하지 않았다. 그는 거짓말을 가장 싫어했다. 업무 성과를 부풀려 보고하는 것, 하지 않고 했다고 하는 것들에 진저리를 쳤다. 그러나 실수했더라도 그 실수를 인정하는 부하직원을 가장 신뢰했다.

그 당시 나는 업무적으로 실수들을 연발했는데 그때마다 인정하는 나의 태도에 많은 신뢰를 보내주셨다. 그러나 나는 당시 매우 까다로운 분위기로 인해 주눅이 들어있었던 탓에 내 실수를 말하지 않고는 견딜 수 없었던 것이 오히려 인정받는 꼴이 되었다. 나는 매일 간부 회의에 참석했고 상사는 나의 매우 떨리는 소신 있는 표현을 존중해주었다.

그 후론 그렇게 당당하면서 초개같은 사람은 만나지 못했다. 하지만 그 후로 나는 점점 세상의 시선에 신경을 쓰며 용기 있는 의사 표현을 하지 못하는 사람이 되어 갔다. 그리고 어느 순간엔가 타인의 시선에 아랑곳하지 않는 그 한방의 표현이 절대적으로 필요한 순간들이 자주 찾아왔고 내게 용기를 요구했다. 그러나 문제는 남이 나를 어떻게 생각할 것인가에서 벗어나 흔들리지 않는 자신의 힘을 회복하는 일이었다.

어느 기업에서 일했던 지인 B양은 직장에서 자신의 호감도를 유지하기 위해 힘든 시간을 견뎌야 했다고 말한다.

"저는 어느 날 새로운 팀에 배정받았어요. 그 팀은 다른 부서보다 고객과의 실적을 잘 챙기면 되었어요. 그전에는 상사의 눈치를 보느라 힘들었거든요. 그런데 그 팀에도 역시나 눈치를 주는 사람이 있었어요. 선임 동료는 내게 일을 가르쳐주면서 결코 친절하지 않더군요. 우선 일을 배워야 했기에 꾹 참았어요. 혹시나 내가 불편감을 표현한다면 팀원들이 나를 좋아하지 않을 게 뻔히 보였거든요.

나는 업무를 몰랐고 누구에겐가 배워야 하는 것은 어쩔 수 없었어요. 그는 그 점을 이용해 저를 심적으로 압박했어요. 저는 그런 그에게 오히려 잘하려고 무척 애를 쓰며 스트레스를 많이 받았죠. 이유는 여러 가지가 있었는데 그들은 업무 경력이 있는 사람을 원했던 것 같아요. 그리고 꾸준히 일할 사람을 찾고 있었구요, 저는 여자인데다가 새롭게 일을 배워야 했기에 싫어했던 것 같아요. 그렇지만 내가 업무에 적응 못 하는 사람이라는 꼬리표도 싫고, 팀원들과 사이가 안 좋은 것처럼 보이기도 싫었거든요. 어쨌든 업무에 익숙해질 때까지 괜찮은 척 버틸 수밖에 없었죠. 그렇지만 결국 그 사람들의 불편한 시선을 이겨내야 할 때가 오더군요. 업무에는 익숙해졌지만 그들의 분위기는 여전히 묘했어요. 그렇게는 싫더라구요. 그들을 뒤로 하고 다른 곳으로..."

이와 같이 직장이나 그런 장소에서의 관계 속에서 어떤 사람을 만나느냐는 내 결정권 밖의 일일 때가 많다. 직장에서 나를 이해해주고 배려해 주는 사람은 거의 손가락 안에 꼽을지도 모른다. 직장이 아니라 때로는 어디서나 거의 그럴 때가 많다. 그러한 타인의 시선을 의식하는 버거움의 극복은 흔들리지 않는 자유로운 선택을 가능하게 한다.

관계에 대하여

나 역시도 남들의 평가에 휘둘리는 직장인 중 한 사람이었다. 실력 면에서도 좋은 평가를 받고 싶어 가족의 일은 제쳐두고 승진에도 몰두하기도 했다. 어렵게 승진을 하긴 했지만 결국, 내가 진정으로 해야 할 것은 남의 시선이 아니라 내 안의 에너지를 채우는 일이었다. 그 후 몇 년 뒤 나는 그 직장을 그만두었다.

현재 지금의 일을 하기까지 여러 우여곡절이 있었지만 적어도 사람들이 나를 좋아하게 만드는 일에 예전처럼 예민하게 신경 쓰지 않게 되었다. 사람들이 나를 좋아하게 만드는 것보다, 내가 하는 일이 사람들에게 얼마나 도움이 될지에 대해 중점을 두고 일하려고 노력하는 중이다.

"나에 대한 평가를 타인에게 매달리거나 의지하지 말라. 나에 대한 자신의 평가에 집중하라"는 전문가의 조언은 누구에게나 반드시 이루어질 것이다.

다름에서 공통분모를 찾아라

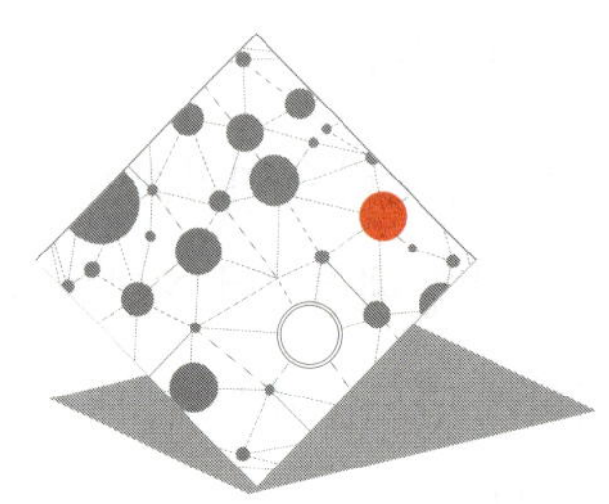

"**장**에 가면 수수떡 먹을 사람, 도토리묵 먹을 사람 따로 있다"는 속담이 있다. 사람마다 능력이나 처지, 취미나 요구 따위가 다른 만큼 여러 사람이 모이게 되면 자연히 이런저런 부류로 나누어지게 된다는 뜻이다. 그런데 이상하게 어디를 가든지 자신과 공통점이 조금이라도 있는 사람을 만날 때 더 친해지기 수월하다. 낯선 장소, 낯선 만남에서도 순간적인 재치와 공통된 화제로 대화가 풀리면 지속성으로 이어질 때가 많다.

이렇게 당연한 것들이 이러저러한 이유로 쉽지만은 않은 때가 있다. 나는 과거 상당히 무채색 같은 생활을 살았다. 열정은 저기 어딘가 숨어버린 듯했고, 별다른 취미도 없이 내 삶은 피곤과 스트레스에 묻혀 질식할 것 같았다. 이러한 연속되는 시간의 흐름은 점점 내가 누구라는 정체성이 없게 했다. 우연한 만남과 필연적 관계 속에서 적극성이 사라진 채 누군가와 연결된다는 것 자체가 힘겨운 시간이 있었다.

반면 많은 사람이 손쉽게 온라인 커뮤니티나 소소한 취미 모임을 통해 자신과 공통분모를 찾아 유쾌함을 유지하며 지낸다. 그러나 어떤 사람들은 그렇지 못한 채 좋은 만남의 기회를 스스로 놓치고 있는지도 모른다. 이에 끊임없이 자기 욕구를 이해하고 기회를 놓치지 않기 위한 적극적인 노력과 자세가 무엇보다 중요하지 않을 수 없다.

루비 우쯔빙은 중국의 홍보 업계에서 뛰어난 실력가이자 자신의 인맥을 키워 일과 관계를 함께 성취해낸 인맥 관리 기술자이다. 그녀는 『적을 만들지 않는 인간관계의 비밀』에서 대화를 통해 필요한 인맥을 쌓는 방법부터 상대방에게 강렬한 첫인상을 남기는 법, 교류 관계를 지속시키는 방법을 소개하고 있다. 물론 인맥을 논하기 전에 각자의 실력부터 쌓는 것이 중요하다고 충고한다.

이때 '업무적 이익을 위해서라면 무슨 일이든 못 하겠어!'라고 말할 수 있지만 아무리 눈앞에 이익이 있어도 타인에게 다가가는 일조차 어려워한다면 쉽지 않은 일이다. 그러기에 그녀는 상대방과 자연스러운 만남과 그 기회를 갖기 위해 노력했다고 한다. 이렇게 그녀처럼 일의 성과가 아니더라도 타인과의 교류를 지속하기 위해 나와 타인 사이에 자연스럽게 이끌어갈 공통의 주제가 있는지 찾는 노력은 평상시에도 중요한 역할을 한다.

나도 몇 년간 교육과 관련 이슈를 중심으로 사람들과 정기적인 모임을 경험했다. 교육 관련 범위가 상당히 넓다 보니 누구를 상대로 어떤 주제를 할 것인지 필요한 내용을 찾아내는 게 상당히 어려웠다. 고민 끝에 고객의 범위를 정하게 되더라도 주제와 대상자 선정은 자연스럽게 소속감과 모임 결속력에도 영향을 미쳤다. 이런 점에서 주로 내가 가장 익숙하면서도 보람을 찾을 수 있는 주제 선정이 가장 일하기 쉬운 방법이었다.

사람들과 계속 나누고 싶은 열망을 찾아낼 때 가장 효과적인 관계도 만들어진다. 이 과정을 꾸준히 진행하면서 예기치 않게 각자 가지고 있는 고민이 관계 안에서 치유되는 회복이 일어나기도 했다. 나 역시 학령기 자녀를 둔 부모였기 때문에 양육 관련 고민이 주제로 이어졌다.

특히 많은 사람들이 자녀들이 성장하는 사춘기 시절 무렵부터 눈높이에 맞는 대화의 주제를 이어 가는데 많은 어려움을 겪고 있다는 것을 알게 되었다. 나 역시 마찬가지였다. 때로는 준비 안 된 자녀에게 너무 많은 정보를 건네는 실수를 하거나, 아예 부모만이 알려줄 수 있는 필수 정보를 모르고 있어 안타깝게도 시기를 놓쳐 지나친 경우도 있었다.

우리는 부모와 자녀가 나눌 대화에 어떤 공통분모로 접근할지 고민했다. 나 역시도 실수했던 많은 부분을 생각하는 기회가 되었다. 결국, 부모만이 할 수 있는, 아니 꼭 부모가 해야 하는 양육의 내용을 이해하고 자연스럽고 편한 분위기로 자녀와 대화를 이어 가야 한다는 것으로 귀결되었다.

✿ 내가 좋아하는 취미, 활동, 취향, 성향 등을 상대방(자녀)과 나눌 기회를 만들어라

✿ 나의 실수담이나 숨기고 싶은 실패의 체험을 상대방(자녀)과 나누어보라

✿ 내가 도움받고 싶은 것을 상대방(자녀)에게 털어놓아라

✿ 내가 하고 싶은 것들을 상대방(자녀)과 대화를 자연스럽게 연출하라

관계에 대하여

나는 재작년 학부모 단체를 맡아 봉사 활동을 진행한 적이 있었다. 그 일은 학부모들을 위해 양육에 필요한 필수 교육 내용(바른 성교육)을 중심으로 무료 특강을 준비한 일이었다. 그 과정에서 행사장 대관비와 소정의 홍보비용이 들 수밖에 없었다. 후원기금은 늘 부족했다. 그러나 나는 후원금 홍보를 잘하지 않았다. 그 이유는 준비된 범위 내에서 진행하고픈 내 성향 탓이 크다. 그런데 우연한 기회에 별 기대 없이 관련 이야기를 했는데, 그곳에 계시던 한 분이 기꺼이 추후 사용할 후원금을 기부해주시며 다음과 같이 말했다.

"좋은 일을 할 때 주저 말고 여러 사람 앞에서 이야기하라"

그 순간 우리는 서로 각자 다르지만 '모두를 위한 좋은 일'이라는 공통의 분모를 찾은 셈이었다. 나는 즐겁게 일했고 함께 하는 분들의 도움이 더해져 행사는 성공적으로 끝마칠 수 있었다. 모두에게 두고두고 감사한 마음이다.

언젠가 우리는 '행복BOOK클럽'에서 '세븐BOOK클럽'으로 명칭을 바꾸어 몇 년간 독서 모임을 함께 한 적이 있었다. 매주, 수십 회의 만남으로 이어졌다. 우리는 부모가 알아야 할 자녀의 교과서 내용부터 개인의 성장을 끌어올리는 책까지 다루었다. 그중에 마케팅 플랫폼 기업의 설계자이자 경제경영학 저자인 러셀 브런슨의 『브랜드 설계자』라는 책 내용을 나눈 적이 있었다. 그날은 그의 책 중에 상대방이 내 말에 관심을 기울이게 하는 방법에 대해 이야기를 나눈 결과, 모두는 이렇게 입을 모았다.

5장 인간 관계는 승자도 패지도 없다

‘타인의 고민에 귀 기울이면 자신과 공통분모를 찾을 수 있다. 당장 어떤 해답을 제시하는 것보다는 먼저 공감을 해주자. 그 다음 어떻게 하면 좋은 결과를 만들어낼 수 있을까에 대화의 초점을 맞추어 가면 좋겠다. 그러면서 서로에게 꼭 맞는 제안도 하고 그런 과정에서 친해지는 것 같다’라고. 그 말에 모두 고개를 끄덕였다.

과거에는 사람들과 공통분모를 찾기 위해 힘들었다 해도, 적극성이 부족한 성격일지라도 타인의 말에 귀를 기울이고 자신이 갖은 수많은 색다른 경험을 타인과 공유하는 긍정적인 자기 인식을 위한 노력이 필요하다. 자기만의 독특하고도 익숙한 분야는 자신을 타인 앞으로 이끈다.

과거에는 휴일이면 도서관에서만 지내는 나를 보고 답답한 인간형이라고 부르는 사람도 있었다. 그러나 나는 그게 가장 즐거웠다. 어느 날은 도서관 지기가 되어볼까 하는 생각이 들 정도였다. 비록 그 꿈은 이루지 못했지만 그 습관은 내게 익숙하다. 그것이 관련 활동으로 이어지고 앞으로도 서로 다른 타인과 공통분모를 향해 더 나아갔으면 한다.

생각해보면 우리는 정말 다른 사람끼리 살고 있다. 가끔 생각하는 것은 80억 인구 중에 지문이 같은 사람이 한 사람도 없다는 것이 신기할 따름이다. 그만큼 다르고 독특하고 소중하다. 모두가 각자 생김새, 나이, 자라온 환경, 성격, 취미가 다르고, 때로는 다른 세대를 마주하며 이질감과 동질감을 동시에 느끼기도 한다.

이렇게 다른 사람들 틈에서 때로는 나의 정체성을 찾기 위한 부단한 노력을 해야 하는 이유는 함께 어울려 살아가기 위함일 것이다. 그것은

관계에 대하여

자신에게 가장 쉬우면서도 익숙하고 확실함으로 타인에게 나아가야 한다는 것이다. 내 안에서 타인과의 공통분모를 찾아내기 위해 더욱이 내가 남과 다른 점을 찾아내야 한다. 그것은 무엇이 있을까?

가장 익숙하고 편안한 주제를 찾아, 타인과 '모두를 위해 좋은 일'을 위한 건전하고 안전한 공통분모를 찾아 관계 회복의 문을 두드리면 자연스럽게 그 길은 열릴 것이다.

인간관계는 승자도 패자도 없이 오직 나만 남는다

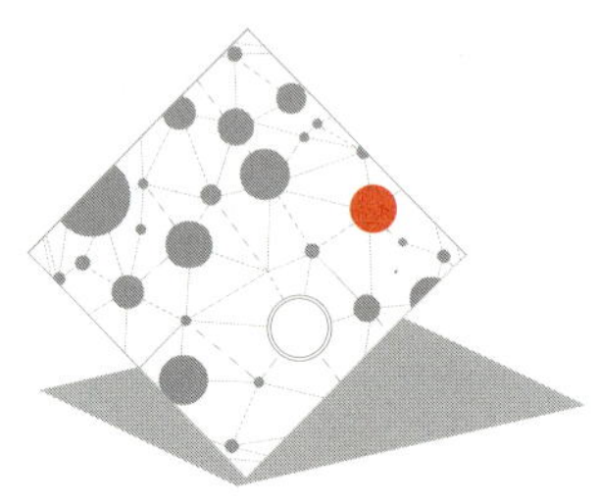

하루의 어느 때쯤, 습관처럼 지금 내 자리에서 느끼는 감정 날씨가 어떤지 나에게 묻곤 한다. 수많은 감정 중에서 감정의 핵심을 찾기란 어렵다. 부정적인 생각과 긍정적인 느낌이 동시에 바닷물처럼 출렁이고 수많은 고기가 이리저리 왔다 갔다 하는 깊은 바닷물처럼. 나는 어떤 기분을 메모할지 잠시 주춤한다. 그러다가 가장 마음에 와닿는 기분을 수첩에 기록해본다. 불안하다! 그 이유는? 낯선 사람들 앞에서 진행할 강의가 코앞이기 때문이다.

시간을 할애하고 강의 준비를 마친 후에는 비로소 감정은 조금 느긋함으로 바뀌어 있다. 사람은 생각을 현실로 만들어낼 때 편안함을 느낀다. 일상생활에서 막연한 두려움을 사라지게 하는 것은 중요하다.

우리는 간혹 사람들과의 관계 맺음을 잘하고 있는지 점검하라는 감정이 들어올 때가 있다. 내가 잘하고 있나? 내가 설정한 방향성이 맞는 건가? 그 이유는 우리는 항상 모이고 흩어지는 삶 속에 놓여있고 자칫 어떤 변수 속에서 꼬이는 관계를 되도록 피하고 싶어서일 것이다. 모일 장소와 그곳에서 만날 사람들을 잘 고려하고 만남을 선택했는지, 흩어질 때 그들 틈에서 나의 평가는 어느 쯤 일지에 대해 어떤 모습으로 기억될지 가늠해보는 것이다.

혹자는 최선을 다했으니 미련이 없다며 훌훌 털어버릴 것이고, 혹자는 어떤 실패감에 밤잠을 설칠지도 모른다. 이 중에서 굳이 승자와 패자를 꼽는다면 어떤 사람이 승자이고 어떤 사람이 패자일까? 수많은 만남과 관계 속에서 우리는 때론 승자처럼 느껴졌던 적이 있을 것이고 또는 패자처럼 느꼈던 순간 모두를 가지고 있을 것이다. 어떤 때 나는 승자였고 어떤 때 나는 패자였는가? 이 두 순간은 어떻게 나를 변화시켰고 어떤 점이 나를 성장하게 했는가?

우리는 수많은 고민의 순간을 마주하며 생활하고 있다. 그 고민의 순간이 바로 어떤 관계를 선택할 순간일지 모른다. 때에 따라 관계를 선택해야 할 때, 그리고 포기해야 할 때 우리는 어떤 기준으로 그 선택을 하면 좋을까?

우리가 간혹 자신의 역할과 관계의 어려움 속에서 균형을 찾지 못하고 혼란스러움을 느낄 때, 우리는 자신의 내면의 목소리보다 혹시 주변의 시선 때문에 관계를 붙잡고 있는지 생각해봐야 한다. 그 이유가 자신이 주변으로부터 부정적인 평가를 받을까봐, 혹은 인정받지 못 할까봐 하는 막연한 불안감 때문에 괴로운 관계를 붙잡고 있는 건 아닌지 말이다. 아니면 자신의 역할이 버거워 그 자리를 무작정 팽개치듯 벗어나려 하는 건 아닌지 말이다. 이 둘은 상황에 따라 언제든지 우리를 불안 속으로 걸어 들어가게 하는 요소가 될 수 있다.

사람을 만나다 보면 그 사람이 주도적으로 풀어가야 할 어떤 과제를 발견하곤 한다. 그것은 깨진 가정의 회복자 역할일 수도 있고, 개인을 넘어 어느 공동체의 조력자로서 역할일 때도 있다. 그러나 대부분의 사람들이 개인의 어려움을 회복하지 못한 상태에서 자신을 둘러싼 여러 역할에 어려움을 느낀다. 나 역시도 그랬다. 그래서 관계를 벗어나지 못하기도 하고, 쉽게 깨기도 하며 잘못된 선택을 하기도 한다.

과거 나는 나에게 주어진 수많은 역할에 버거워했다. 누군가의 자녀로서, 누군가의 부모로서, 또 사회인으로서 모든 게 말이다. 특히 10대 시절 외로움을 이기지 못한 채 의존했던 인간관계는 현실 역할을 망각하게 했다.

외로움의 기본적인 정서는 타인에 대한 신뢰 부족이나 원망과 분노일 수 있다. 그렇기에 외로움은 타인에게서 만족감을 얻으려는 태도를 갖게 하며 때로는 삶의 균형을 무너뜨릴 수 있다. 이러한 정서적 태도로 인해 '그때 현실에 충실했으면 이렇게 되지는 않았을 텐데' 하는 뼈아픈 후회에서 오는 감정 꼬리표가 따라붙기도 한다. 그렇지만 그런 감정 꼬리표 덕분에 우리는 더 열심히 삶에 매진할 수 있었는지도 모른다.

그러므로 가장 중요한 것은 "그때 그 역할에 충실했어야 한다"라는 오직 나로부터 비롯되는 주도성을 회복하는 것이다. 이것은 부정적인 생각을 떨쳐버리고 너무 많은 고민은 아무 소용이 없다는 것을 깨달을 때 시작된다. 그것은 인생에 초연해지라는 것이 아니라 수많은 고민의 감정에서 놓여 마음을 정리하는 실력을 늘려가야 한다는 뜻이다.

그때부터 비로소 내가 생각한 어떤 확신을 붙잡을 수가 있다. 그리고

관계에 대하여

끝까지 실천할 힘을 통해 누가 뭐라 해도 밀고 나가 보는 거다. 이런 과정에서 나 스스로를 바라보는 나의 확고함이 남들의 주장보다 훨씬 힘이 세다는 것을 발견할 것이다. 그리고 나도 모르는 사이 나는 이런 생각으로 바뀌어 있을 것이다.

"많은 사람들을 만나고 다양한 반응을 보이는 사람들에게서 상처받지 않는 나를 스스로 존경하게 되었다. 잘하고 있네. 쫴!"

다양한 가치관이 만나는 인간관계 안에서 열심히 살고 적응하려고 최선을 다하고 있는 자신을 향해 과연 승패를 따질 수 있을까? 내가 경험한 만남 속에서 이루어지는 경험들은 온전히 내 것이고 나를 발전하도록 이끌어주는 마중물 역할을 해주었다. 그리고 관계 안에서 발생한 여러 상황을 챙기고 마음속에 잘 정리했는가? 그냥 방치하며 무심히 흘려보냈는가? 에 따라 내 뇌는 나에게 말한다. 그 불편한 감정을 정리해야 하는 것 아니냐고 계속 묻는 것이다.

그러니 우리 삶은 실패라는 단어가 적용될 수가 없다. 단지 실패감만 존재할 뿐이다. 감성지능과 공감능력의 힘의 중요성을 주장하는 대니얼 골먼은 "한때 대학 성적이나 기술능력에 따라 직장을 고르던 시절이 있었지만, 오늘날에는 그런 것들이 직장을 얻는 데 필요한 기본조건에 불과하다. 선천적으로 타고난 IQ와는 달리, EQ는 살아가면서 폭넓게 학습할 수 있다"고 조언한다. 미국의 임상 및 상담심리학자인 앨버트 앨리스 역시 감정을 잘 다루어야 인생을 잘 다룰 수 있다. 감정 문제

211

가 곧 인생 문제라고 말했다.

78:22라는 우주의 대법칙이 있다. 질소가 78%, 산소나 기타 공기가 22%, 인간의 몸에 수분도 78%, 그 외 물질이 22%를 차지한다. 지구에 바다와 육지가 차지하는 비율도 비슷하다. 그뿐만 아니라 어떤 일에 있어서 성공할 확률이 78%, 실패할 확률이 22%라는 거다. 세상에 나를 위해 온정을 베푸는 사람과 외면할 사람에 대한 기대도 비슷하다.

경제경영과 처세 장르 작가인 허쥔의 『78:22의 경영법칙』이라는 책에서 유대인들이 이 법칙을 이용해 어떻게 세계적으로 거대 부호가 되었는지 알려주는 내용이 나온다. 긍정적 기대감이 긍정적 효과를 가져온다는 것이 원리인 셈이다. 이런 의미에서 삶의 다양한 어려움과 변수 속에서 지나치거나 흔들림이 없는 삶의 가치를 위해서라도 가정과 일터 어디에서든 긍정적인 기대감을 위한 노력은 다른 누군가가 아닌 바로 나 자신으로부터 시작되어야 한다.

내가 흔들리면 모든 사물이 흔들려 보인다. 인간관계도 마찬가지이다. 너무 많은 관계를 가지려 하거나 혹은 꼭꼭 숨으려만 하는 것, 승자가 되려고 안간힘을 쓰다 보면 부자연스러움을 유발할 수밖에 없다. 그렇게 소망하던 직장을 다녀도, 그렇게 좋아하는 친구가 있어도, 사랑하는 가족이 있어도 필연적으로 홀로 겪는 시간을 마주할 수밖에 없다. 그러니 누가 인생에서 승자인지 패자인지 가늠할 이유가 필요할까.

'네 안에 내가 있다' 는 드라마 대사처럼 '내 안에 나'라는 든든한 지원군, 즉 자신감과 당당함을 개발하는 공부를 시작해야 할 이유다. 우선 가슴부터 펴라. 호흡을 길게 하라. 내가 나 자신을 믿는 마음, 그것이 바로 자신감이다. 그렇다면 나는 나 자신을 신뢰할 수 있는가?

관계에 대하여

어느 순간 자신이 해내야 할 일들이 예기치 않게 다가오곤 한다. 특히 평소 자신이 약하다고 느끼는 그 분야로 훅하고 인생의 기회가 들어온다. 특히 조금만 실수해도 인연의 끈이 끊어져 버리는 아슬아슬한 관계라는 줄타기를 하고 있다고 느낄 때가 있다. 사람을 통해 잠깐 좋은 기회가 온 듯했으나 아쉽게 진척이 안 될 때, 그건 왜일까? 인생을 살아가는데 두수, 세수, 바둑처럼 열수 앞을 내다보기 어렵다. 답답하지만 그 답은 다름 아닌 내 안에서 찾아야 한다.

오늘 웃는 자, 내일 울고, 오늘 우는 자 내일 웃을 수 있다. 당신은 지금 웃고 울 수 있는 여유를 마음속에 진정 지녔는가?

5장 인간 관계는 승자도 패지도 없다

자기 성장이 관계 회복의 열쇠다

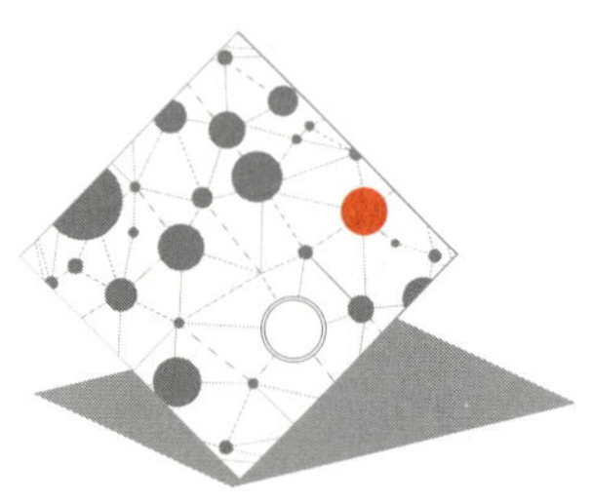

얼마 전 나는 포항으로 일주일 출장을 갔다. 평일 일정을 위해 미리 주말에 KTX를 타고 강의 장소와 가까운 ㅁ호텔을 숙소로 정했다. 함께 간 일행들이 1인씩 묵을 수 있는 평범한 숙소였다. 월요일 이른 아침 1층 로비에는 조식으로 토스트가 마련되어 있었다.

나는 금방 다녀올 생각으로 방문의 키는 그대로 꽂아둔 채 방문을 열어놓고 엘리베이터 버튼을 눌렀다. 그런데 어디선가 불어온 바람에 그만 철컥! 하고 방문이 닫혀버렸다. 나는 이제 막 잠에서 깨어 아무것도 없이 맨몸으로 나왔던 터였다. 나는 당황한 채로 1층 카운터로 급히 내려갔다. '방문 마스터키가 있겠지 설마!' 라고 생각하며. 그런데 너무 이른 아침이라 관리인은 없었다. '어떡하지? 곧 나가야 하는데...' 시간은 자꾸 흐르고 있었다.

마침 조식을 가지러 온 어느 투숙객에게 휴대폰을 다급하게 부탁했다. 그런데 관리인과 통화는 되었지만 그를 기다리기에는 시간이 너무

관계에 대하여

없었다. 전화상으로 마스터키를 간곡히 부탁했다. 관리인도 나도 너무 황당한 일이었다. 다급한 사정을 들은 관리인은 마스터키 보관 장소를 알려주었다.

관리인이 말한 장소에는 키들이 너무 많았고 색깔도 모양도 비슷비슷하여 어느 것이 마스터키인지 도무지 알 수 없었다. 관리인도 늘 두던 자리였지만 막상 전화로 설명하려니 어려워했다. 최대한 얘기 들은 대로 비슷한 것을 찾아 방문에 테스트해보는 수밖에 없었다. 그렇게 관리인도 없는 관리실을 투숙객이 들락날락하는 사이 30분이 날아가 버렸다. 그날 잠깐 방심한 사이 아침부터 얼굴이 벌겋게 달아오른 날이었다. 어쨌든 나는 서둘러 강의 장소에 도착할 수 있었다. 그 덕분에 그날 오후, 동료 강사와 마스터키를 찾아 헤맨 아침 에피소드를 재밌게 나눴다. 순간 나는 이런 생각이 들었다.

'혹시 인간관계에도 술술 풀리게 하는 마스터키가 있지 않을까?'

그러한 것이 있어서 관계 회복을 이끌어낼 수 있다면 얼마나 좋을까 하는 생각이 들었다. 모든 것을 관통하고 어떤 어려움이든 쉽게 해결할 수 있다면 이런저런 고민은 많이 사라질 것이다. 삶은 더 윤택해지고 풍요로워질 것이다. 그 관계 회복의 마스터키는 과연 어디에 있을까?

20세기 대표적인 인격 심리학자인 칼 로저스는 자기 실현이론을 통해 성장의 통찰을 제공한 학자로 유명하다. 그는 인간은 스스로 자아와 성장의 탐구를 통해 자기를 실현하는 성장 잠재력을 가지고 있다고 믿었다. 이처럼 자기 성장을 통한 어떠한 것들이 많은 것들을 변화시키고 이끄는 힘이라고 본 것이다.

그것은 먼저 자신을 이해하고 많은 것들을 인정하는 일에서부터 시작된다. 먼저 나의 장점과 단점을 발견하고 스스로를 이해해주는 과정이 선행되어야 한다. 그러기 위해서 때때로 우리는 누군가의 위로와 격려, 지지가 있을 때 더 빨리 스스로의 길을 개척할 수 있게 된다. 그렇지만 때로는 결코 쉽지 않은 여러 경험과 과정도 겪는다.

나는 최근 우연히 김선아 작가의 『너에게 들키고 싶은 혼잣말』이라는 책을 알게 되었다. 누군가 내 마음을 알아주면 얼마나 좋을까 하는 우리가 한번쯤은 누구나 겪었을 그 깊은 공감이 내 마음을 흔들었다.

"이미 곪을 대로 곪아버려서 더 아플 곳도 없는 걸 왜 자꾸 후벼파?"
"사랑받고 싶어서"

그렇게 우리는 사랑받고 싶어서 때때로 상대방에게 마음에 없는 말이나 행동한 순간이 있다. 잘해보려고 했던 것들이 더 안 좋은 결과를 가져올 때 마음은 쓰리다. 때로는 서로를 향한 마음의 생채기가 오래 남는다. 하지만 상대방을 향한 부정적인 감정에 몰입되면 결코 사랑받을 수 없다. 내가 먼저 사랑하는 방법을 찾아내야 한다. 그것이 성숙함이며 성장의 흔들림이다.

우리는 살아오는 내내 누군가에게 끊임없이 바랐음을 부인할 수는 없다. 왜 그랬을까? 더 성장하며 잘 지내고 싶은 깊은 내면을 자연스럽게 표현하고 행동하기까지 많은 시행착오를 겪기 때문이다. 어린 시절

관계에 대하여

엔 부모님에게, 청소년기에는 친구에게, 성인기에는 남편이나 직장 동료에게 사소한 위로나 작은 격려, 그리고 오해나 실망 등 무수한 경험과 그 과정에서 지금의 내가 되는 것이다. 많은 만남 속에서 나보다 조금 더 먼저, 더 성숙한 어떤 사람의 영향으로 '나' 또한 성장의 기회를 만난다. 그러므로 언젠가 도움을 받았던 그 사람도 또 다른 그 누군가를 도와줄 수 있는 성숙한 '자신'이 되어 있을 것이다.

데일 카네기는 "드물긴 하지만 진심으로 타인의 마음의 허기를 채워주는 사람은 사람들의 마음을 완전히 사로잡을 수 있습니다. 그가 죽으면 심지어 장의사라 할지라도 그의 죽음을 슬퍼할 것입니다"라고 말했다.

자기 성장과 관계 회복이란 어떤 상관관계가 있을까? 빈 수레처럼 요란하지 않으면서 외부로부터 부정적 감정 공격을 막아내는 힘을 가진 사람, 칭찬 또한 흔쾌히 받아들이는 사람이다. 아무리 노력해도 자신을 신뢰할 수 없거나 인정하기 어렵다 하더라도 결국 어떤 방법을 통해서라도 믿음을 키워가야 한다.

* '나는 멋져!' 라는 말을 자신에게 던져라!
* 당당하게, 세상을 향해 신나고 재밌게 어깨를 펴고 걸어보라!

이 말을 던지면 실제로 움츠렸던 몸이 펴지면서 들이마신 산소와 함께 자신감이 상승한다. 나 역시도 자신감이 부족한 순간 이 말을 자주 되뇌인다. 말은 행동을 변화하게 하는 마력이 있음을 자주 경험한다. 곧 마음치유, 자존감 회복은 자기 성장의 중심에 있다. 자신과의 정서

5장 인간 관계는 승자도 패자도 없다

적 교감이 다른 사람의 생각과 가치를 나눌 교감으로 이어진다. 그렇기에 정서적 교감을 위한 다양한 방법들이 시도되고 있다. 예를 들면 독서를 통한 글쓴이와의 교감, 일기나 글쓰기를 통한 자신과의 교감. 나아가서 책 쓰기를 통한 독자와 소통이 극적으로 이루어지는 기회가 만들어지며 더 큰 관계 회복이 이루어진다.

"공감과 소통을 가지고 놀 수 있는 사람에게 사람이 붙는다"
"마음의 여유를 회복한 사람은 뭐가 달라도 다르다"는 말은 그냥 하는 말이 아니다.

그러나 단번에 이루어낼 수는 없다. 수많은 시행착오를 거치는 수밖에 없다. 자신의 실패를 자책감이라는 감정 구슬로 뇌의 기억장치에 저장해버린다면 도전과 실패는 인생에서 아무 의미가 없다.

이야기를 거슬러 올라가 그날 포항 출장 첫날, 오전 30분을 호텔 마스터키를 찾아 헤매느라 허비하고 나서 또다시 그날 오후에 예기치 못한 사건을 경험했다. 나로선 최선을 다했지만 부득이하게 상대방과 의사소통에 오류가 발생하고 만 것이다. 온종일 부정적인 감정에 휩싸였다. 일정을 소화하기 위해서는 재빨리 그 감정을 어떻게든 소화해야 했지만 쉽지는 않았다. 적어도 그 상황을 아는 주위 사람들에게 내가 일종의 패배감을 맛본 사람으로 인식되고 싶지 않았다.

그보다 더 중요한 것은 그런 척하는 게 아니라 정말로 그 상황을 잘 이해하고 처리하는 성숙함을 보여주는 것이었다. 사람과의 갈등을 '쓴

관계에 대하여

맛'으로 기억하지 않고 중요한 교훈을 주는 '경험'으로 인식하는 게 중요했다. 여러 변수 중에서 일어날 수 있는 '특이한 경험 중 한 가지' 라고 결론지었다. 다행히도 마지막까지의 일정을 잘 마무리했다.

"불행을 겪지 않는 자는 현명해지지 못한다. 어떤 불행한 사건이 일어나 더이상 어쩌지 못하게 된 경우, 더이상 생각하지 말아야 한다. 후회하면 고통은 한없이 커져서 자신을 괴롭힐 뿐이다." - 쇼펜하우어

관계 안에서 어떤 갈등이 발생했을 때, 갈등의 내용에 따라 어떤 경우는 길고 장황하게 설명하지 않아도 자신에게 유리한 일들로 귀결되는가 하면, 이와 반대로 때에 따라 왜 그러한 상황이 발생했는지 자세하고 끈기 있게 누군가에게 설명해야 할 때도 있다. 내가 의도하지 않았지만 결과만 놓고 보면 마치 내가 잘못한 것처럼 오해를 살 때도 있기 때문이다.

또한 나도 모르는 예상하지 못한 실수도 있을 수 있어서, 우리가 가진 사려 깊은 마음과 직감을 통한 통찰 등 우리에게 주어진 모든 감각을 이용해 자신감 있게 설명할 수 있는 지점과 상황 설명을 놓치지 말아야 한다.

그러한 관계 회복을 위해 타인과 나 사이의 관계 거리를 든든하게 지키는 비결과 어떤 건강한 통찰이 있어야 하지 않을까? 그것은 다름 아닌 바로 나 자신의 힘에서 비롯되지 않을까 한다.

자신의 이력을 화려하게 포장하지 않아도 충분한 자신감을 가질 수 있는 사람, 장황한 설명이 없어도 안정감이 충분한 사람, 혼자 있어도

5장 인간 관계는 승자도 패지도 없다

충분히 안정된 의식을 가진 사람, 잘 먹고 잘 싸고 잘 수면할 수 있는
충분한 마음과 에너지의 여유를 지닌 사람 등, 즉 이러한 내공을 가진
사람이라면 그 역시 타인과의 공감과 소통을 통해 얼마든지 관계를 회
복시키는 탄력성을 지닐 수 있지 않을까? 많은 어려움 속에서도 마음의
여유를 회복하고 찾으려고 노력하는 사람은 뭐가 달라도 달라서 사람
들의 관심과 영향력을 동시에 지니는 사람이 된다.

결국, 인간관계의 회복이란 내가 걸어갈 길들이 평탄하게 열리고 나
를 환영해줄 만남의 축복이 기다리는 사람들이 있는 곳으로 이어지는
것이다. 그 길을 열리게 하는 열쇠는 다름 아닌 바로 '자기성장'을 향한
열망이라는 '마스터 키'이다.

관계에 대하여

자기 사랑이 끝나지 않았다면, 어려운 관계도 끝나지 않는다

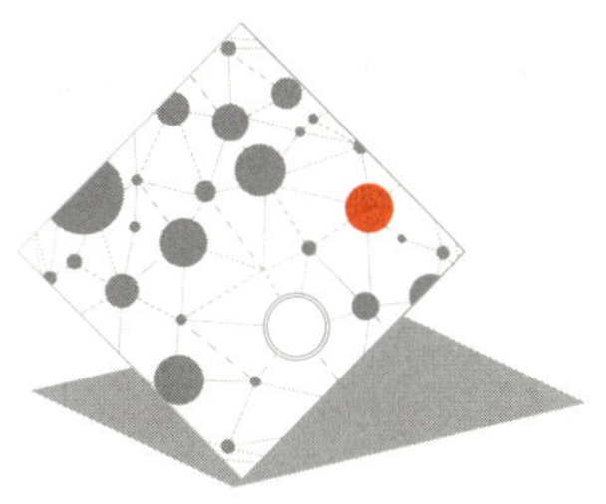

살아가면서 만나는 사람 중 가장 어려운 관계는 무엇일까? "우리 엄마는 수용적인 분이 아니세요, 늘 자녀의 말을 밀어내고 공감해 주지 않아요" 이미 결혼을 해서 장성한 딸이 친정엄마를 두고 한 말이다. "상사가 원하는 대로 다 맞췄어요. 시간이 갈수록 그 요구는 점점 커져서 어느 순간엔가 감당할 수가 없더라구요. 그 상사처럼 일 중독자로 살기는 싫어서…" 얼마 전 하던 일을 그만둔 어느 직장인의 고백이다. "일상에서 사소한 일에도 예민하게 행동하는 남편 때문에 내 마음속에 화가 자꾸 쌓여가요" 어느 아내의 말이다.

이렇듯 일상 속에서 때려야 뗄 수 없는 관계가 바로 가족과 친구, 직장에서 만나는 사람들이다. 우리는 이렇게 관계와 역할 속에서 가급적 스트레스를 잘 관리해야 한다. 개선되지 않을 것 같은 관계 속에서 도망치고 싶어도 그럴 수 없을 때가 많다. 그럴 때 아예 자포자기하거나 이상 반응을 보이는 것보다 포기하지 않고 회복을 위해 끝까지 노력을 놓치지 않으면 어떨까?

만약 어려운 관계에 놓여있다면, 회복이 불가능할 것 같은 답답하고 암담한 의식에 휩싸이기 마련이다. 이상하게도 서로 간에 문제를 만들고 촉발하는 그 당사자는 정작 문제의식을 느끼지 못하고 같은 행동을 반복하는 경우가 많다. 그 때문에 주변 사람들이 괴로워지게 되는 것이다. 문제를 만들고 촉발하는 사람이 그 문제를 해결하는 경우는 주변에서 거의 보지 못했다.

그러기에 우리는 더 냉정한 자세가 필요하지 않을까? 내가 잘하려고 해도 상황이 그대로인 경우, 원망하고 탓하긴 보다는 뭔가 철저한 분석과 해법을 강구해야 한다.

예를 들어, 오랫동안 심각하게 마음과 감정이 어긋나버린 관계가 있다면, 만약 상대방에게 너무 화가 나서 해결할 시도조차 언급하기 어려운 관계에 놓여있다면 어떻게 해야 할까?

어떤 사람과 불편함을 말하지 못하고 끙끙 앓을 수밖에 없는 깊고 내밀한 감정들도 있다. 때로는 불편한 말을 꺼내는 순간 자신이 초라하게 느껴질 것 같아서 말하지 못하고 지내기도 한다.

그런데 우리는 이런 불편함을 억누르고 아닌 척, 안 그런 척 계속 그 만남과 관계를 지속해야 하는 것일까? 속마음을 털어놓고 갈등과 분란이 생기는 것을 감수하면 안 되는 것일까?

대체적으로 아무 일 없이 조용히 지나가길 원하는 사람들이 대부분이다. 만약 불편함을 털어놓고 해결하는 과정에서 필수적으로 많은 에너지가 들기 때문에 회피하는 경우도 있을 것이다. 그렇지만 상대방과 관계 그리고 나 스스로와의 관계 회복을 위해서는 많은 노력과 대가가 따른다.

그러기 위해 곰곰이 생각해본다. "어떤 사람과 함께 있을 때 왜 무시당하는 기분이 드는 걸까?" "왜 그 사람의 말과 행동이 나에게는 잘난 척하는 모습처럼 보일까?" 라고 생각하면서 결국 내가 든 불편한 생각들을 붙들고 그 사람과 만나는 일을 줄이게 될 것이다. 그럼에도 우리는 그 사람이 매일 매일 만나야 하는 직장 상사일 수도 있고 동료나 친구, 가족 혹은 사업상 파트너일 수도 있다. 이럴 때 혹시 내 기분을 바라보고 분석하면 내 안에 어떤 정서를 발견할 수 있을까?

🍀 내가 무시당한 기분이 드는 이유는?

1. 내 안에 '무시'라는 부정적인 감정을 소화하고 이겨낼 만한 힘이 부족하다.

2. 과거에 '무시'당했던 환경 속에서 회복할 기회나 노력이 부족했다

3. 내 안에 이미 쌓여있던 무력감이나 비하감의 감정을, 상대방을 통해 확인했다

그러므로 내면의 유능감을 찾고 상대방을 미워하거나 질투하지 않도록 해야 한다

🍀 상대방의 잘난 척하는 모습이 왜 보기 싫을까?

1. 상대방의 유능감을 시기 질투하고 있다

2. 나도 모르게 사람을 적대적으로 바라본다

3. 장점보다 단점에 더 집중하는 편이며 칭찬에 인색하다.

5장 인간 관계는 승자도 패지도 없다

그러므로 내면의 유능감을 인정하고 긍정적 관계 시너지를 만들 수 있어야 한다.

또 이런 경우도 있다. 가족 간 관계에 대해 은근한 불편함이 있다고 말한 어느 지인의 이야기이다. "내 슬하에 두 자매가 있어. 큰딸과 마주하면 묘한 어색함이 느껴진단 말이지. 왠지 마음이 편안하지 않고. 내가 엄마라서 잘 해주어야 하는 건 알겠는데, 마음처럼 쉽게 되지 않아. 그런데 둘째 딸은 또 안 그래. 이상하지?" 라는 의외의 말이었다.

그분의 얘기를 들으면서 '내 부모님한테 나는 어떤 존재일까?' '내 딸과 나는 어떤 역동으로 살고 있지?' 라는 생각을 다시 한 번 해볼 수 있는 말이었다. 생각해보니 그녀의 말처럼 미묘하게 어색한 여러 가지 모습들이 떠올랐다. 그러나 그러한 감정에만 머물러서는 안 된다. 중요한 것은 인식을 새롭게 변화시키는 일이다.

관계 안에서 완전하지 못하다는 것, 서로 어색하다는 것, 자신이 미성숙한 것 같다는 생각이 들 때, 스스로 자책감과 타인을 향한 낯설음, 그리고 뭔가 부족하고 불편해서 자유롭지 못한 심리적 통제를 당한다고 느낄 때가 있다. 때론 역할 안에서 갖추어야 할 자유스러움과 따스함을 갖추지 못하고 악순환을 불러올 때가 있다.

어떠한 불편한 심리적 역동이 그 사람과 나 사이에 존재하게 하는 것. 그것은 내 안에 해결되지 않은 문제가 상대방에게 있을 때, 때론 불편함으로 작용하기도 하고, 곰곰이 내면을 들여다보고 어떤 꼬인 심리적 상태가 존재하는지 문제를 정확히 진단할 필요가 있다.

그 순간이 내가 나와 마주하고 앉아 나와의 관계 회복을 시작할 때

관계에 대하여

다. 내가 만난 거의 대부분의 사람들이 이러한 악순환을 알게 모르게 겪는다. 단순히 '저 사람은 나와 코드가 잘 안 맞아, 내 성향이 아니야' 라고 하며 가볍게 넘어가면서 말이다.

때론 관계의 꼬임은 예상치 못한 상황에서 일어난다. 나와 불편한 관계에 있었던 사람들과의 문제를 꼼꼼하게 따져보면 결국 내 안에도 문제가 있다. 모든 사람을 사랑할 수는 없지만, 적어도 미워하지 않고 사는 방법은 나를 비워내는 과정을 반복하는 것뿐이다. 내 안에 미움이 털끝만큼이라도 있다면 어쩔 수 없이 상대방에 대한 친절과 미소는 가식과 가면이 섞인 것일테니까 말이다.

미움이나 부정적 태도를 바라보고 있는 나 자신과의 진정한 화해가 이뤄지지 않는 한, 영원히 어떤 사람과의 관계는 씁쓸함과 미움으로 기억되며 자신을 괴롭힐 것이다. 혹자는 이럴 때 만나서의 화해보다는 적절한 거리두기가 나 자신을 지키는 동시에 관계 회복의 지름길이라고 말하기도 한다.

무작정 관계를 회피하고 난 후, 중요한 건 앞으로 같은 유형의 사람을 또 만났을 때 되레 겁을 먹고 피하게 될 수도 있다. 그러다 보면 관계하는 사람들의 범위는 자연히 좁아지고 더 이상 확장성을 갖지 못하게 된다. 비록 소심한 성격이라도 관계 안에서 무너지고 멀어지고 싶지 않은 마음을 붙잡길 바란다. 게다가 첫 만남에서 매력적으로 보이기가 쉽지 않을지라도, 그리고 자신의 내면과 신뢰감 회복이 부족해서 자신감이 결여되어 있을 지라도 어떠한 회복적인 전환점을 만들어야 한다.

그것은 내 자신이 누구인지 극복하면서 객관화를 이룬다면 가능하다. 내면에 존재하는 이런저런 어두운 구석들을 뉘우치면서 부끄러움을 극복하고, 수치심을 숨기기보다 반성하는 쪽을 선택하며, 자신으로 향하던 어떤 큰 수치심의 무게를 견뎌낼 때, 그동안 생각 밖으로 꺼내지 못했던 시도가 가능해질 것이다.

사람은 내면 안에 깃든 긍정과 부정적인 면을 인정할 때 자신의 셀프를 바라볼 수 있고 진정한 자아로 거듭날 수 있다. 그래야 자신과 불편하게 엮인 심리적 묶임을 가진 사람과 불편한 관계를 비로소 끊어낼 수 있다.

이와 같이, 자신 안에 걸림돌, 즉 자기와의 회복이 있어야 어려운 관계를 마주해도 부딪침이 없다. 그러나 결코 쉽지 않은 일이다. 인생은 끊임없는 선택의 연속이고 자기와 회복의 길로 갈 것인지 회피할 것인지는 자신이 선택할 일이다. 여기에서 우리는 용기와 결단이 필요하다. 사람에게 매여 한평생 가는 곳마다 좌충우돌할 삶을 살 것인지, 사람이나 환경에 자유로운 삶을 살 것인지 우선 생각해 볼 문제다.

이것은 속세를 떠나는 해탈과는 다른 문제이다. 내가 속한 가정과 사회 그리고 조직에서 인정받는 사람이면서 자신을 소중히 여기는 동시에 타인도 소중히 여기는 따스한 마음이 서로에게 영향을 주고받으며 한층 살기 편한 관계가 형성될 것이기 때문이다. 그러나 아직도 자기 연민과 자기 사랑에만 묶여 있다면 수없이 다가올 앞으로의 어려운 관계도 결코 끝나지 않을 것이다.

관계에 대하여

06

합리적이고 행복하게 인간관계 즐기기

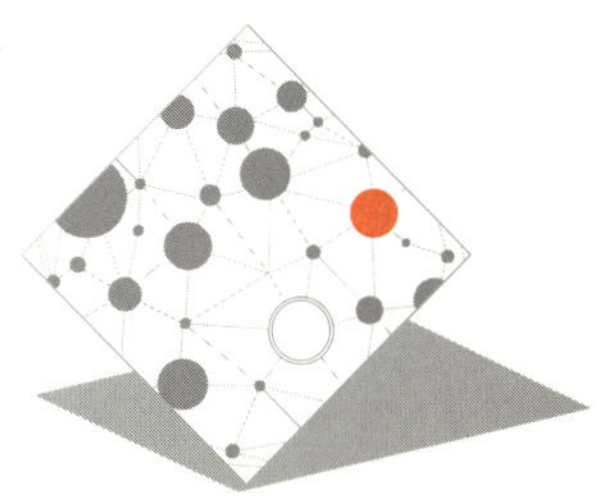

入동이 지난 어느 이른 아침, 나는 동료 강사 차를 타고 추수가 끝난 논에는 새하얀 서리가 내려앉은 충북 음성의 어느 한적한 시골길에 진입하고 있었다. 10분 정도 남겨놓고 거의 목적지에 도착할 그 순간, 동료 강사가 어느 호숫가에 갑자기 차를 멈춰 세웠다. 그 순간 나는 호수 옆 언덕길에 황홀할 만큼 눈부신 은행나무들이 일렬로 쭉 늘어서 있음을 보았다. 그 언덕길에도 황금빛 은행잎들로 물들어 있었다.

어찌 된 일인지 호수에서 놀던 물오리들이 전부 그 언덕길을 뒤뚱거리며 걷는 진풍경이 펼쳐지고 있었다. 우리는 그 진풍경을 배경으로 몇 컷의 사진을 남기고 다시 출발했다. 정말 이른 오전, 찰나의 황금 여유였다. 만약 내가 운전했더라면 그런 여유를 생각이나 했을까. 여러모로 순간의 여유를 함께 나눈 날이었다.

일정을 마치고 돌아오는 차 안에서 오늘은 내 생일날임을 얘기했다. 그랬더니 지인은 단톡방에 공개하고 내 생일을 축하해주었다. 언제인지부터 내 생일에 비중을 크게 두지 않게 되어서인지, 낯선 사람들이 모인 공간이어서 그랬는지, 진심으로 감사하면서도 여러 사람의 축하 문자에 화답하지 못하고 하트 표시만 했다.

그런데 다음날 지인이 화답 인사를 직접 올리면 어떠하겠느냐고 했다. 사람 사는 게 '어' 하면 '아' 하는 게 인지상정이 아니겠냐는 첨언과 함께, 왠지 그 말이 잔잔한 호수에 동전이 던져진 것처럼 그럴 수도 있겠다 싶었다. 그전까지는 좀 어색한 단톡방이었지만 용기를 내야겠다 싶어 감사의 문자를 공유했다. 별거 아닌데 그곳에 있는 사람들과 이전보다 더 친근하게 느껴졌다. 그 후로 가끔 내 소식을 자발적으로 공유하는 용기를 내곤 한다.

이렇게 때로는 사소한 행동이 원활한 인간관계에 더 한 발짝 다가서게 하기도 한다. 온라인 커뮤니티처럼 지속적인 만남마다 모임의 목적이 여러 모양이다. 때로는 소소한 관심과 소통이 오가고, 위로와 따뜻한 피드백이 있는 곳에 더 애정이 간다.

로버트 월딩거와 마크 슐츠가 쓴 『세상에서 가장 긴 행복탐구보고서』에는 85년간 진행된 하버드 연구 전체를 인생에 대한 단 하나의 원칙으로 요약했다. 바로 '좋은 관계야말로 행복의 핵심 요소이고 더 건강하고 행복하게 해준다. 끝. 이게 전부' 라고 말한다. 이처럼 좋은 관계의 '속 내용'은 무엇일까? 분명 까칠함이나 대꾸 없는 무뚝뚝한 관계로는 설명하기 어렵다.

따스함이 있는 포근한 관계, 헤어져도 다시 만나고 싶고 생각나는 편안한 관계, 로버트 치알다니의 『설득의 심리학』에는 예스를 끌어내는

관계에 대하여

설득의 50가지 비밀을 소개하고 있는데 작은 호의를 표시하는 일, 상대방에게 대가를 바라지 않고 정성을 쏟는 일들은 상대방에게 YES를 끌어내게 할 뿐 아니라 결국 좋은 관계로 남게 한다고 말한다. 또한 아주대 김경일 심리학자는 "우연한 득점이 재미와 삶의 활력을 주듯 감사함을 자주 던져야 우연한 감사의 득점이 생긴다"고 말한다.

이것은 감사할 일들을 삶의 한복판에 심어두다 보면 감사의 수확을 얻을 기회가 더 많아진다는 의미이다. 어떻게 그럴 수 있을까? 이를 예로 들면 우리는 끊임없이 대가를 바라지 않는 감사할 일들을 만들어야 한다. 감사할 일들은 사람과의 관계와 밀접하게 연결되어 있다. 시끄러운 세상을 멀리 떠나 홀로 있는 삶은 감사의 여운이 무척 단조로울 수밖에 없을 것이다.

그러나 살다 보면 여러 얽히고설킨 관계의 역동으로 인해 삶이 한층 버겁게 느껴질 때가 분명히 온다. 이럴 때는 '호의를 주지도 말고 받지도 말자'는 생각이 가장 편하게 느껴지기도 한다. 여러 다양한 경험을 가진 사람을 상대하는 것이 귀찮고 힘들다는 생각이 들기 때문이다. 이것은 어느 정도는 필요한 방식이기도 하지만, 장기간 그런 방식을 고집한다면 인간 속에 '나홀로섬'이 되지 않을지 주의해야 한다.

반면, 관계를 위한 관계를 지속하는 모습 또한 바람직하지 않으며 일종의 사회적인 가면을 만드는데 많은 에너지를 소모하는 모습을 가지고 있다. 예를 들면 수입에 비해 걸맞지 않은 소비 습관, 겉치레는 본의 아니게 타인에게 금전적 피해를 주기도 한다. 사회적 관계망 안에서 머물고 싶은 욕구는 필요하지만 때로는 지나치게 그 욕구가 커서 비합리적이며 행복하지 않은 방법을 사용하기도 한다.

관계의 가장 작은 단위는 가족에서 출발하지만 그 관계 안에서도 크고 작은 선의와 물의가 교차하곤 한다. 가족, 친구, 사회 속에서 맺어지는 수많은 만남에서 희비가 엇갈린다. 오늘은 좋았다가 내일은 그렇지 않을 수도 있고, 또 그 반대일 수도 있다. 수많은 변수 속에서 안정된 마음의 여유를 가질 수 있는 조건을 갖추는 노력과 동시에 좋은 관계를 맺어야 한다. 그렇기에 우리는 일방적으로 관계를 쫓아가거나 마구 넓혀가기만 하는 게 아니라 이성적이고 합리적인 인간관계와 그 안에서 가치관 선택이 더욱 중요하게 작용한다.

** 합리적이고 행복한 인간관계 만들기 위한 키워드 **

✿ 가족

- 가족은 끝까지 나의 책임의 중요성을 미치게 하는 곳이다.

- 부부는 온갖 우여곡절 끝에 이어진 귀한 만남이다.

✿ 친구

- 친구는 모든 조건을 떠나 공통의 추억을 함께 즐길 줄 아는 것이다.

✿ 직장/동료

- 직장에서 실력은 가장 기본으로 갖추어야 한다.

- 동료는 공동의 목표를 실현하는데 협력이 절실한 관계임을 잊지 않는 것이다.

- 상사는 아군도 적군도 아니게 해야 한다.

✿ 태도(attitude)

- 감사의 인사는 지나쳐도 괜찮다.

- 포기할 관계는 미련 없이 빨리 포기할 것.

- 타인 앞에서 무조건 타인을 칭찬할 것

- 상대의 장점을 먼저 찾아볼 것

- 리더가 되기 위한 과정이라고 생각해 볼 것

- 누군가에게 베풀 수 있는 것이 있다는 것에 감사할 것

- 가장 작은 호의도 친절의 첫 출발점이라는 사실을 기억할 것

- 상대방의 호의에 대한 답례를 마음으로라도 잊지 말 것

- 갈등의 진위는 양쪽 모두의 의견을 듣고 판단해도 늦지 않다

- 예기치 못한 갈등이 생겼을 때 내 마음을 따를 것인가, 관계를 지킬 것
  인가 결단하라

- 만남과 헤어짐 속에서 후회 없는 결정은 거의 없다

- 아쉬움을 뒤로 해야 다음 만남이 성사된다

- 완벽한 관계는 없다. 다만 맞춰갈 뿐이다

- 부담되는 관계는 일단 정지. 숨을 고르고 다시 생각해야 한다

- 만남을 소중하게 여기는 지혜를 갖자

- 유종의 미를 거두는 것은 다른 시작을 알리는 축복의 종소리다.

- 최악의 관계는 가장 비싼 수업료 중 하나이다.

- 만나고 싶다고 해도 결코 만날 수 없는 관계도 있다.

✿ 나

- 상대방을 설득하기보다 납득되도록 하라

- 내 마음을 알아주지 않는다고 탓하기 전에 먼저 내 마음을 알려라

- 내가 듣고 싶은 말을 상대방에게 자주 하라

- 세심한 칭찬을 아끼지 마라

- 나와 주위를 관찰하고 기록하라

- 삶의 여백을 찾듯 관계도 쉼이 필요하다

- 의도치 않은 악연도 어느 기간을 견뎌야 그 관계가 끝날 때가 있다

- 관계력은 또 다른 업무 능력이다

- 관계의 자유분방함에 합리와 논리를 더하라

- 신을 믿지 않는 사람과의 교제는 그를 위한 기도가 남고 신을 믿는 사람과의 교제는 서로를 위한 기도가 남는다

날씨가 내 마음대로 된 적이 없듯이 수없이 만나는 사람들과 만남도 그렇다. 추위와 더위를 피해갈 수 없지만 적절한 난방과 냉방을 하면서 안전하게 살아가는 것처럼, 결국 합리적이고 행복한 관계 역시 여러 악조건 속에서 상황에 맞추어 기꺼이 즐기는 수밖에 다른 답이 없다.

관계에 대하여

07

좋은 관계는 행복 에너지를 남긴다

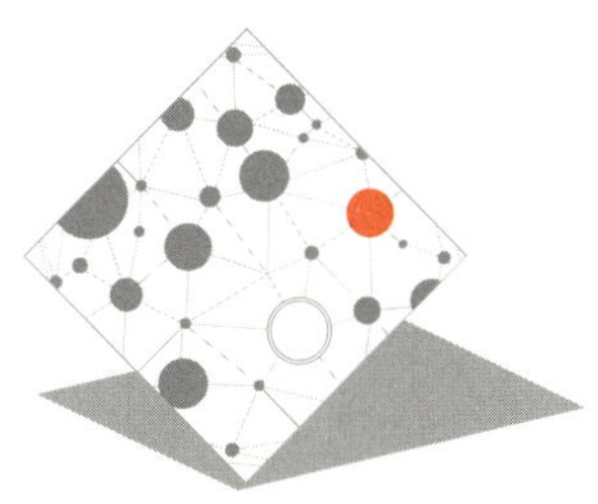

"여보세요? 인터넷 결합상품 안내로 전화했습니다. TV가 있으시면 혜택이 더 많으실 거예요. 한번 가입해보시죠?" 이런 광고성 전화가 많이 걸려온다. 그런데 TV 없이 산지 벌써 수 십 년째다. 처음에는 자녀 교육 때문에 TV를 없앴는데 지금은 오히려 내가 이득을 보았다는 생각이 든다. 세상 시끄러운 소리를 안 들으니 편하다.

그런데 요즘은 "그 유투브 봤어? 어쩌면 그럴 수 있지? 세상이 어떻게 되려고..." 라는 대화가 오갈 때 "모른다" 라고 말하면 대화가 이어지지 않는다. 사실 많은 오류 정보들이 떠도는데 마땅히 검증할 방법도 없이 사람들의 흥미를 끌기도 한다. 이러저러한 커뮤니티가 생겨나고 그 안에서 혼재된 생각들이 집단화되어 이 관계 저 관계가 생겨나기도 한다.

관심과 에너지만 있다면 흥미나 취미, 생각이 같은 연구목적을 위한 모임, 실천과제 해결을 위한 독특한 만남 등을 만들어 그 안으로 들어갈 수 있고, 스스로 만들 수도 있다. 중요한 것은 원하는 정도까지 꾸준한 관계를 이어가야만 만족감과 성취감으로 이어진다는 것이다. 그런데 그렇게 꾸준한 활동으로 이어지는 정도가 그리 만만하지는 않다.

혹자는 모임 안에서 어떤 특정한 한 사람이 마음에 안 들어서 안 오겠다는 사람, 부담 없이 즐기기 위해서 오기 때문에 소소한 임무나 책임을 지지 않으려는 사람 등 생각이 다양하다. 또한 불편한 갈등 관계가 발생했을 때 반응하는 정도도 사람마다 다르다. 같은 가치를 원해도 서로 추구하는 삶의 방식은 각자 다르기 마련이다. 이런 서로 다른 사고방식을 가진 사람들이 어떻게 하면 좋은 관계로 만들어 갈 수 있을까?

그러기 위해서 우리는 수많은 만남과 헤어짐, 피할 수 없는 관계 속에서 상처 입고 찢어진 실패감을 분석하지 않고서는 더 향상된 자리로 나아가기 어렵다. 건강과 체력도 관리가 필요한 것처럼 관계도 적당한 기회에 점검과 관리, 때론 대수술도 필요하다. 그러지 않고서는 관계에 대한 좋은 진전도 어떠한 나아감도 없다. 누군가 "좋은 관계의 핵심이 뭐야? 뭐길래 그리 고민하는거야? 뭔데.. 뭔데..." 라고 묻는다면 뭐라고 말할 수 있을까?

행복해지고 싶어!

그렇다. 많은 사람들이 행복해지고 싶어 한다. 내가 만난 거의 대부분 사람들이 행복해지고 싶다고 말한다. 그리고 행복해지고 싶어서 사람을 만난다. 속상해서 울지만 결국 행복해지고 싶어서 운다. 친구끼리, 연인끼리, 부부끼리 다투는 이유도 서로 더 행복해지기 위해 마음 겨루

관계에 대하여

기를 한다.

그런데 사람들은 정작 행복의 실체에 대해 잘 모른다. 행복을 위해 어떤 마음의 조건들을 만족시키고 채우고 때로는 비워야 하는지, 어떤 환경을 만들고 사람과의 만남에서 어떤 피드백을 주고받아야 하는지를 잘 모른다. 나도 역시 그랬다.

행복을 연구한 많은 연구 중에서 특히 행복의 조건을 찾는 하버드 연구 보고서가 있다. 이 보고서에는 인간관계가 건강과 행복에 미치는 영향을 과학적으로 증명하려는 종단 연구 사례를 여럿 소개하고 있다.

이 모든 연구와 하버드 연구는 인관관계의 중요성을 증명하면서 가족, 친구, 공동체와 많이 연결된 사람이 더 행복하고 신체적으로도 건강하다는 걸 입증한다.

고립감을 가진 사람들은 그렇지 않은 사람보다 건강이 빨리 나빠진다. 외로운 사람은 수명도 짧다. 이때 고립감은 관계의 양이 아니라 질이 결정한다는 것이다.

이 보고서는 관계와의 연결성을 지속적으로 가지는 것, 고립감을 느끼지 않는 것이 행복감을 느끼게 해주는 주요 요소라고 설명한다. 그러나 효과적으로 관계와의 연결성을 갖는데 더 구체적인 조건들이 필요하지 않을까 하는 궁금증이 생긴다.

나는 유년 시절, 대가족이 모여 사는 환경에서 살았다. 이후 결혼하며 가족을 이뤘고, 수십 년 동안 사회관계를 가지며 살았지만 외롭지 않은 적은 없었다. 그건 정말 이상한 일이다. 그 알 수 없는 고립감은 도대체 누가, 누구에게, 무엇으로부터 왔고 무엇이 잘못된 것일까? 문제는 바로 관계의 질에 있었다. 이렇듯 하버드 연구 보고서에도 따듯한 관계 속에서 살아가야 심신을 보호할 수 있으며 따스함으로 연결된 관계는 삶과 노화의 가혹한 충격에서 우리를 보호한다고 말하고 있다.

따뜻한 관계를 맺고 싶어!
그런데 따뜻한 관계는 어떻게 만들어야 할까? 나는 컨디션이 좋지 않을 때면 종종 콧속이 건조해진다. 몸 어디선가 수분이 부족한 탓인지 호흡이 매끄럽지 않다. 게다가 발은 차가워지고 얼굴은 열기로 달아오른다. 극도로 메마른 느낌이 들고 덩달아 내면도 거친 기분이 든다.

나는 수분 보충을 위해 따듯한 물을 마시는데 그걸로는 부족해서 스팀타월로 얼굴을 덮고 수분을 공급해주어야 한다. 그렇게 컨디션을 잘 관리하면 호흡이 부드러워지기 시작한다. 이처럼 따듯한 관계란, 일방적인 것이 아니라 너와 나의 필요함을 서로 채울 수 있는 관계여야 효과적으로 작동한다.

얼마 전 지방을 다녀오는 길에 차 안에서 지인에게 들은 얘기다. 그 지인은 많은 사람으로부터 연락이 오는데 그들을 응대하느라 자주 지치고 힘들다고 했다. 그 말을 듣고 있던 일행 중 한 명이 모든 사람의 감정을 다 들어주는 것이 과연 자신을 위해 좋은 일인가 고민해 보라는 충고를 한마디 던졌다. 자칫 자신이 타인의 감정 쓰레기통으로 전락할 수 있다는 거였다.

이렇듯 여러 사람에게 자주 연락이 온다는 것은 어쩌면 타인을 배려하고 원만한 관계를 잘 유지하는 사람이다. 다만, 내가 맺고 있는 관계 중에 좋은 관계가 형성되고 있는지 생각해보아야 한다. 그래서 관계는 양적인 부분과 동시에 질까지 동시에 고려해야 좋은 에너지를 주고 받을 수 있다. 이러한 의미에서 많은 관계를 맺는다고 해서 결코 좋은 것이 아니라는 사실을 알려주는 셈이다. 혹시 일방적으로 내 에너지를 뺏기고 있는 것은 아닌지 생각해보아야 한다.

우리는 수많은 사람을 만난다. 우리는 어쩌면 필연적으로 서로 다를 수밖에 없는 존재임을 항상 기억하고 있어야 한다. 그것은 타인과 나는 다르니까. 혹은 너무 같아서 느끼는 기분과 감정은 수만 가지가 될 수 있다. 예를 들어 소위 오지랖이 넓은 사람의 경우, 처음에는 많은 장점을 지닌 듯 보이지만, 시간이 지나면 본심이 그렇지 않은 면이 보일때도 있다.

성격은 호탕하지만 진정성 있게 어느 곁에 꾸준히 머물지는 않는다. 때로는 끊임없이 더 유익이 남을 만남을 위해 떠도는 사람들도 종종있다. 혹시 그렇게 의도하지 않아도 본의 아니게 무의식적으로 새로운 만남 속에 뛰어들게 되기도 한다. 그런 사람을 가까이하다가는 결국 내 진정성을 잃어버리는 경험이 될 수도 있다.

그렇기에 우리는 서로의 관계 사이를 오가는 에너지를 잘 확인해야 한다. 그리고 꾸준하며 지속적인 만남이라고 해서 따뜻한 관계이고, 그렇지 않다고 해서 차가운 관계는 아니라는 것이다. 얼마 동안을 만나든지 상대방에게 따듯함을 전달하려는 노력을 기울이는 것. 진정성 있게 타인을 존중하는 것. 그렇게 최선을 다해 상대방에게 온기를 전하면 그걸로 충분하다. 상대방의 반응은 상대방의 것이지 내 책임이 아니다. 그런 점에서 관계에 매이지 않고 내가 관계를 리더 한다는 것은 온전히 나의 몫이다.

그러기 위해 우선 자신 스스로에게 만족할만한 에너지를 찾아내는 것이다. 내 안의 수많은 장점을 찾아내고 그것을 타인에게 영향을 줄 수 있는 긍정의 에너지 전달자가 되는 방법을 알아낼 때, 좋은 관계에 이어 행복 에너지도 내게 돌아온다.

그러나 아직까지 충분히 그러지 못하고 있다면? 미래에 대한 기대감을 자꾸 던져라. 수많은 '핑'을 먼저 던지면 언젠가는 '퐁'이 찾아올 것이라는 믿음을 가져라. 긍정의 행운을 미리 수없이 던지는 습관을 가져라. 따스한 관계를 받는 사람에서, 주는 사람으로 변할 수 있다고 긍정하자.

어느 연구 결과에 의하면 도움을 받은 경험보다 어떤 사람을 도와준 경험에 대한 만족감이 더 크다는 의미에서 인생은 수동적인 것보다 진취적인 면모를 취할 때 더욱 빛을 발하며 즐길 수 있다는 것을 스스로 증명해 보이자.

관계에 대하여

그럼에도, 우리의 관계는 진행 중이어야 한다

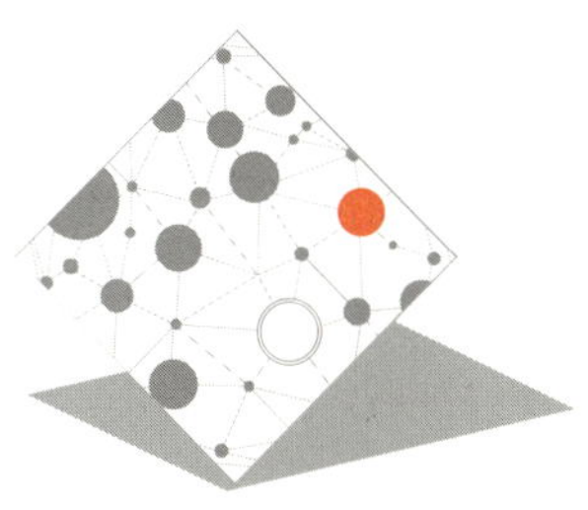

여느날과 다를 바 없는 하루 중 문득 주변의 분위기가 말랑해진 기분을 미세하게 느껴본 적이 있는가? 주위에 짓눌리지 않고 이전과 다른 어떤 가벼움을 만끽하고 있다는 자부심이 가득한 채, 가슴 속에 시원한 한 줄기 바람이 파고드는 것 같은 청량감이 느껴진다면 드디어 관계 공부의 마지막 장에 도착한 보람이 있다. 이전과 다르게 느껴지는 이 반가운 유연함은 과연 어디에서 온 것일까?

혹시 이제 '에잇 이 까짓 거!' 하면서 원망을 내려놓을 줄 알게 되었는가? '그래 용서하지 뭐!' 라고 훌훌 털어버릴 수 있게 되었는가? 막혔던 하수구 같았던 나와의 모든 관계가 뻥 뚫린 것 같은 기분을 어떻게 설명하면 좋을까?

돌이켜보면 관계력을 자유자재로 구사하지 못한다면 누구와 만나든 어색한 기류와 막힌 듯한 기분은 별로 유쾌하지 않다. 마치 보이지 않는 담벼락에 둘러싸인 것처럼 아득한 고립감마저 느껴진다. 무언가 탁

막힌 것 같은 씁쓸한 맛! 헤어지고 나면 뭔가 개운하지 않은 찜찜한 맛의 감정 때문에 기분이 별로다. 그런 관계에서 오는 부정적인 레시피로 말미암아 다양한 관계를 소화할 의지 자체를 망쳐버린다.

여기에서 복잡하고 어지러운 관계를 피하려는 욕구와 관계를 피할 수 없는 사회생활 속에서 심적인 혼란을 겪으며 스트레스를 받는다.

나는 몇 해 전 퇴사를 결정할 무렵, 그리고 그 후 꽤 오랫동안 나의 모든 삶이 실패한 것처럼 느껴졌다. 퇴사 서류를 제출하고 퇴직 기념품을 받으러 오라는 연락이 왔다. 한번은 직장에 방문해야 했지만 함께 근무했던 동료 그 누구도 만나고 싶지 않았다.

당시 퇴사 후 어떤 인생을 살지 준비도 전혀 하지 못한 채였고, 내가 퇴직하겠다는 이유가 단지 그냥 조용히 쉬고 싶다는 말을 하기에는 그다지 설득력 있는 퇴사 이유가 되지 못할 거라고 여겼다. 아무도 수고했다고 말해주지 않았고 다시 연락하자는 사람 없는 허무한 퇴직이었다. 하지만 나는 그 당시 몸도 마음도 상태가 나빴다.

암수술 후유증과 함께 내면에 풀리지 않은 수많은 사회적 업무적 관계에도 몹시 지쳐 있었다. 과감히 떠나고 싶기도 했다. 그러나 시간이 지나 건강이 어느 정도 회복되고 냉정을 되찾게 되자 아쉬움이 많이 남았다. 당시 동료들과 인사를 나누면서 그냥 쿨하게 '아파서! 쉬어야 할 것 같다!' 라고 말하면 되었을 걸 하는 생각이 들었다.

그렇게 그동안의 근무 생활이 순식간에 어떠한 만남도 인사도 없이 서류 한 장으로 종료되었다. 이렇게 이전에 맺은 모든 관계가 리셋되고 더 이상 어떠한 새로운 관계가 진행될 것 같지 않았다.

관계에 대하여

그러나 몇 년 후 다시 일을 시작하게 되었고 새로운 사람들과 관계를 맺기 시작했다. 퇴직 후 나는 몇 년 동안 내 과거 경력을 전혀 말하지 않았다. 이제 과거를 떠나 새롭고 신선한 사람이 되고 싶어서였다. 그런데 그러면 그럴수록 스스로 초라해지는 것을 느꼈다.

몇 년간 그런 상태를 유지했지만 결국 나의 과거 경력을 밝히는 것이 좋겠다고 결론 내렸다. 내가 경험한 그 경력이 나에게 전부인데 그 시간을 빼고 나를 설명하려니 다른 것으로 메울 수가 없었다.

그런데 평생의 그 시간이 나에게는 끔찍한 실수투성이로 점철되어 있는 것만 같았다. 뭔가 그 시간들을 보낸 나를 위해 작은 보상이라도 남기는 일이 필요했다. 그래서 그 실패감을 극복하기 위한 재정리 작업이 절실하다고 느꼈다. 나를 오랫동안 '부정적인 정서로 이끌었던 그 시간과 경험을 정리하는 기회'를 갖게 된 것은 행운이다. 나의 인생 전반기를 온통 아쉽게 만든 경험들을 바탕으로,

그렇게 어른의 관계 공부가 시작되었다. 그런데 의외로 나는 그 실패투성이 시간들을 마냥 허무하게 보낸 것은 아니었다는 것을 깨달았다. 내가 새 일을 시작할 때 내 과거의 업무와 관계 경험은 많은 도움이 되었다. 간혹 주변인들에게 관계 안에서 얽힌 크고 작은 문제들을 해결해주는데 나의 좌충우돌 경험이 많은 도움이 되곤 한다. 그런데 나는 왜 그동안 그렇게 타인과의 관계가 어렵다고 인식했을까?

얼마 전 송은혜 작가의 『아이와 좋은 관계를 맺는 소통의 마법』이라는 책을 통해 김창옥 교수의 강연 내용을 보았다. 제목은 '내 인생의 장외 홈런(원제 : are you ok?)' 이었는데, 상처와 열등감으로부터 자유로워지

고, 진정으로 자신의 삶을 사랑하는 방법은 "so what?"이라고 외치는 것에서부터 시작된다는 말이 뜨겁게 와 닿았다. 그래, 우리 아버지는 청각장애인이다! 그래, 나 공고 나왔다! 그래, 나 삼수했어도 대학 떨어졌다! 그래서 뭐? 뭐? 뭐? 어쩌라고? 그 모든 것을 인정하고 당신의 타석에 당당히 서서 장외 홈런 한번 쳐라! 라고 말이다

또한 송은혜 작가의 "so what?"이라는 청소년들과 진행한 수업 주제는 각자가 처한 환경은 선택할 수 있는 것이 아니기에 마음껏 아파하고 숨기지 않아도 된다는 말처럼 나 역시 공감이 가는 과거를 발견할 수 있었다.

누구나 하나쯤은 아픔을 갖고 있는 삶의 과정 속에서 상처를 꺼낼 용기조차 없어서 움츠러든 마음이 성장해서도 당당히 나와 직면하지 못한 결과를 가져오는 수가 많다.

인생 어느 구간에서 충격적 사건을 경험하거나 지속적 노출을 통해 자신이 간절히 원하는 상황대로 변화시킬 수 없었던 무력감은 사라지는 것이 아니라 오히려 긍정적 자아감 형성을 방해하는 요소가 되는 수가 있다.

게다가 주변의 충분한 정서적 지지나 격려가 부족했던 환경이었다면, 스스로 자아존중감이 박탈당함으로써 무언가에 대한 회피를 통해 보상받으려는 왜곡된 습관을 가지게 한다. 더 나아가 타인과의 건강한 대인관계까지도 방해할 수 있다. 그렇듯 관계는 결코 어느 지점에서 끝난 것이 아니라 과거와 현재, 미래가 함께 이어져 지금도 진행 중인 현재 진행형일 수밖에 없다.

관계에 대하여

만약 어디에서든 고립감을 두려워하지 않고 타인과의 만남과 관계를 자연스럽게 가지길 원한다면 '그럼에도 불구하고 계속 관계 속으로 걸어 들어가야 하는 것'이라는 정의를 새롭게 정립해야 한다.

일종의 자신감 결여와 결부된 '소통 부재' 문제를 안고 있다면 '그래서 어쩌라고!' 라는 당당함을 장착하고 내가 하고 싶은 관심 종목에 진심을 더해야 한다. 활동에 의미와 감동을 추가하여 재능을 키워나가면서 동시에 간절한 동기를 부여하며 앞으로 나아가야 한다

내가 간절히 하고 싶고 좋아하는 종목을 찾아내라. 나와 같은 주제를 가진 사람들과의 교제를 준비하라. 거기에 진심을 추가하라. 우리의 관계는 계속 진행 중이어야 하니까.

어른의 관계 공부는 또 다른 시작을 의미한다. 우리의 만남은 계속되어야 하니까.

살면서 나와 꼭 맞는 사람만 골라 만난다면 얼마나 좋을까. 그러나 세상에 그런 곳은 없다. 어쩌면 나 역시 오랫동안 현실에는 존재하지 않는 이상적인 만남을 동경하며 세상에 대해 원망을 늘어놓고 있었는지 모른다. 아니 그랬다. 왜 나를 사랑해주지 않느냐고 그렇게 투정을 부렸다.

그러나 우리는 이상적 만남과 현실 사이에 격차를 부수고 당당히 살아갈 수 있어야 한다.

'공감'이란 단어를 들으면 어쩐지 절절하면서도 마음 뜨거워지는 구석이 있다. 언젠가 살면서 우리는 누군가를 깊이 공감한 적이 있었던가? 그리고 누군가로부터 눈물 나게 고맙도록 공감 받은 경험이 있었는가?

관계에 대하여

남들에게는 무난히 잘 되어 보이는 일도 내게는 유난히 힘들게 여겨지는 것들이 있다. 그 중 단연코 사람과의 관계 문제는 빠지지 않는다. 이때 어느 누군가의 무조건적인 공감과 지지는 실패로 쪼그라져 울고 있는 한 영혼을 스스로 바라보게 하고, 일어서게 하는 변화의 큰 힘이 있다고 믿는다.

우리는 언젠가 누군가의 도움을 받아야만 하는 절실한 순간이 있다. 그렇게 변화 받는 자에서 스스로 변화하는 자로 그리고 누군가에게 도움을 주는 변화 유발자로 변신할 수 있음을 또한 믿는다. 그것은 아주 과거부터 이미 시작되었고 지금 우리는 현재 진행 중이다.

처음부터 끝까지 세상의 중심이 자신 즉 '나' 인 것은, 이기적인 것이 아니라 모든 변화의 출발점은 바로 '자신'으로부터 시작되기 때문에 가능한 말이다. 그러므로 얼마나 스스로가 소중하며 자신이 얼마나 많은 일을 해낼 수 있는 장본인임을 강력하게 인식할 때 눈앞에 놓인 크나큰 문제도 어느새 스르르 해결되고 말 것이다.

문제를 해결한다는 것은 지금 당장 금방 이 자리에서 해결되는 것을 의미하는 것이 아니다. 그 시간은 결코 짧지 않을 수도 있다. 그러나 보이지 않지만 해결의 종착지를 향해 서서히 가고 있다는 것을 믿길 바란다.

끝으로 믿음으로 여기까지 이끌어주신 하나님께 감사드리며 또한 오랜 원고 기간을 끝까지 믿고 기다려주신 더테라스 사장님께도 진심으로 감사드린다. 나를 지금껏 있게 해준 사랑하는 나의 가족과 이 글의 소재를 제공해주신 모든 지인 분들에게 뜨거운 감사의 말씀을 전한다.

| 참고문헌 |

● **1장**

- https://www.lecturernews.com/news/articleView.html? idxno=141875 (채용브랜딩이 만드는 일하는 문화의 면화, 한국강사신문)
- http://news.heraldcorp.com/view.php?ud=20190918000561 (중소기업 인사담당자 526명 대상 조사, 자료:잡코리아)
- 외로움과 대인관계 문제의 관계에서 초기 부적응 도식의 조절 효과, 숙명여대교 교육대학원
- 불안정 성인 애착과 성중독의 관계연구 외로움과 심리적 고통의 매개효과, 단국대 정책경영대학원 상담심리학과

● **2장**

- 대인관계 원형 모형에 나타난 거절민감성의 대인관계 행동특성연구, 중앙대 대학원 교육학과
- 인간관계에서 항상 주도권을 쥐는 사람들의 비밀 10가지 | 인맥에 집착하지 않는 사람들이 인간관계에서 성공하는 이유(https://lilys.ai/notes/275333)

● **3장**

- 존 그레이『금성에서 온 남자, 화성에서 온 여자』
- 성경 창세기 2:18
- OSIS (국가데이터처, 인구동향조사)
- 대한민국 정책브리핑(www.korea.kr)
- 벨린다 루스콤『결혼학개론』
- 존 가트맨·최성애·조벽『내 아이를 위한 감정코칭』
- 형제자매와의 상호작용이 아동·청소년의 행복에 미치는 영향, 성윤숙 이동기 한국청소년정책연구원·원광대
- 워킹맘들이 경험하고 있는 심리적 어려움 및 대처방안에 관한 질적 연구 Qualitative Research on
- Psychological Difficulties and Coping Strategies Experienced by Working Mothers, 이경진, 유금란 가톨릭대학교 심리학과 한국교육원학술정보원, 한국상담대학원대학교 이종수

● **4장**

- 한북신문(http://www.hbnews.kr) 신명기 신경정신과의원.
- 문요한『관계의 시간』

● **5장**

- 김선아『너에게 들키고 싶은 혼잣말』
- 앨런 로이 맥기니스『너무 많은 관계, 너무 많은 친구』
- 쇼펜하우어의『쇼펜하우어의 인생특강』
- 로버트 월딩거와 마크 슐츠『세상에서 가장 긴 행복탐구보고서』
- 로버트 치알다니의『설득의 심리학』
- 아니 카스티요『핑!(자유롭게 용감하게 현명하게)』

관계에 대하여